この世界のしくみ

子どもの哲学 2

河野哲也
土屋陽介
村瀬智之
神戸和佳子
松川絵里

毎日新聞出版

はじめに

この本には『この世界《せかい》のしくみ』という題名《だいめい》がついています。でも、世界のしくみを詳《くわ》しく教える本ではありません。この本を読んでも、新しい知識《ちしき》が身についたり、わからないことがわかるようになったりはしません。

おっと、でも、本棚《ほんだな》に戻すのはちょっと待《ま》って！　せっかく手に取ってくださったのだから、もう少しおつき合いくださいね。

この世界を生きていると、どうしてこんなふうになっているのかと不思議《ふしぎ》に感じること、問《と》わずにはいられなくなることがたくさんあります。たとえば、空に大きな虹《にじ》がかかるのを見ると、「なぜ雨上がりにはこんなにきれいな虹が出るのだろう」と、感《かん》激《げき》の疑問《ぎもん》が浮《う》かんできます。がんばって勉強《べんきょう》したのにテストの点が悪《わる》かったときには、「そもそもどうして成績《せいせき》なんかつけるんだ」と、怒《いか》りの疑問がわいてきます。ふだんはあまり意識《いしき》することはないけれど、少し立ち止まって考えてみると、この世界は不思議なこと、わけのわからないことばかりです。

でも、こうした疑問の答えは、なかなか教えてもらえません。というのも、誰《だれ》にもわかっていないことが多いからです。「虹が出るしくみ」は理科の先生に聞けば教えてもらえますが、「虹を見ると感激してしまうしくみ」はまだよくわかりません。「成績をつける理由」も、いろんな大人に質問《しつもん》してもバラバラの答えが返ってきて、ちっとも納得《なっとく》がいかないでしょう。「この世界のしくみ」については、まだ解《と》けていない謎《なぞ》ばかり。どこから考え始《はじ》めればよいのかさえ、誰にもわかっていない謎ばかりです。こうした問題については、みんなで知恵《ちえ》を絞《しぼ》って、意見を出し合って、じっくり考えてみるしかありません。

そんなふうにして考えてみることを「哲学《てつがく》」といいます。この本は、「この世界のしくみ」にまつわるさまざまな謎について、あなたと一緒《いっしょ》に哲学する本です。

本当はいつも心が動《うご》くたびに、私たちの心には「問い」が生まれています。嬉《うれ》しくて笑いが止まらないときも、悲《かな》しくて苦《くる》しくてつらいときも、びっくりして息《いき》を呑《の》んだときも、いつも「なんで」「どうして」という言葉が浮かんでくるでしょう。そんなふうにして生まれたあなたの問いについては、ほかの誰かに考えることをまかせたり

はじめに

しないで、自分自身《じぶんじしん》で大切に考えてみてほしいのです。目次《もくじ》の中でずっと気になっていた問いを見つけたら、そこから考え始めてみませんか。

毎日小学生新聞《しんぶん》には、読者が送《おく》ってくださった問いについて、哲学者たちが知恵を絞って話し合いながら考える「てつがくカフェ」というコーナーがあります。この本はその書籍化《しょせきか》第二弾《だいにだん》です。一冊目《いっさつめ》の『子どもの哲学　考えることをはじめた君へ』では、コーノさん、ツチヤさん、ムラセさん、そして私ゴードの四人で考えていましたが、今回の『この世界のしくみ』からは新しい仲間《なかま》のマツカワさんも加《くわ》わって、いっそうにぎやかに、意見も多様《たよう》になりました。読みながらそこにあなたの考えも加えて、もっともっと先まで考えを進《すす》めてもらえたら嬉しいです。

なにしろこの世界にはわからないことが多すぎて、仲間が大勢必要《おおぜいひつよう》なのです。一緒に哲学しましょう。

神戸《ごうど》和《わ》佳《か》子《こ》

この世界《せかい》のしくみ　子どもの哲学《てつがく》2　目次《もくじ》

第1章 哲学はくらしのなかに

第2章 社会のしくみを問《と》うてみる

第3章 この世界《せかい》はどうなっている？

ブックデザイン　黒岩二三〔Fomalhaut〕
イラスト　熊谷理沙

第1章

哲《てつ》学《がく》は
くらしのなかに

我《われ》思う故《ゆえ》に我あり

確《かく》実《じつ》なものって……？

これは哲学者《てつがくしゃ》のデカルトの言葉《ことば》だ。デカルトが興味《きょうみ》をもったのは「絶対《ぜったい》に確実なものはあるのか？」という問《と》い。考えたことあるかな？

デカルトが気づいたのは、自分が何かを考えているあいだは「考えている自分がいる」ことは絶対確実で疑《うたが》いようがないということだ。本当かな？　ちょっとのあいだ、もしかしたら自分はいないかも……と疑《うたぐ》り深《ぶか》く考えてみよう。どうかな。そうやって、極端《きょくたん》に疑り深く考えたとしても、やっぱり「考えている自分」はいる。デカルトは、このことを「我思う故に我あり」という言葉で表《あらわ》したんだ。

この結論《けつろん》を出す途中《とちゅう》でデカルトは、「もしかしたら間違《まちが》っているかも」と思えるものは確実なものの候補《こうほ》から外すことにした。ちょっとでも疑問《ぎもん》の余地《よち》があったら、それを絶対に確実なものじゃないと考えることにしたんだ。こうやって考えると、ほとんどのものが「絶対に確実なもの」の候補から外れることになる。デカルトは「原稿《げんこう》用紙が目の前にある」も「夢《ゆめ》を見ているだけかもしれないから確実ではない」と言っている。いまみんなの見ているこの本の存在《そんざい》も確実じゃないってことだ。でも、そもそも、こうやって考えるのは正しいのかな？　もっと良《よ》い方法《ほうほう》はないのかな？　確実なものって他《ほか》にはないのかな？

「我」って、誰《だれ》？

自分がいることなんて当たり前だと思っていたから、もしかしたら自分はいないのかもしれない……と考えてみると、なんだか変《へん》な気分になる。

デカルトは、そうやって疑って考えているときにも、考えている自分は必《かなら》ずいると言っている。でも、反対《はんたい》に、考えるのをやめたらどうなってしまうのだろう。何も考えずにぼーっとしたり、夢も見ないで眠《ねむ》りこけたりしているときには、私《わたし》はいなくなっているかもしれないのかな。考えているときの私と、考えていないときの私は、まったく別物《べつもの》なのかな。それってなんだか気持《きも》ちが悪《わる》い。

それに「考えている私がいること」は疑いようがないとしても、私についての他のこと、たとえば「私の名前はゴード」「私は女の子」「私の髪《かみ》は黒色」などは、思い込《こ》みや錯覚《さっかく》で、間違っている可能性《かのうせい》もありそう。デカルトみたいに「ずっと夢を見ているだけなのかもしれない」と考えたら、自分自身《じしん》のことなのに、たしかにわかっていることが何もなくなってしまう。

それなら、考えているときには確実にいる私って、いったいどんな私のことなんだろう。そんなわけのわからないもの、「私」って言えるのかな。

自分はなくても考えだけある

このデカルトの考え方って、自分が思うことは全部《ぜんぶ》自分で意図的《いとてき》に発《はっ》していて、その思いを自分でコントロールできるはずだ、ということだよね。それは本当かな？

いま私《わたし》が考えたこと、たとえば、「昨日《きのう》のテストは失敗《しっぱい》したな」というのは、本当に私が自分で考えたことなのだろうか？　そういうことはもう考えたくないと思っても、何かの思いが出てくるのが止まらないことってないかな。それから、何かを思い出すときにも、自然《しぜん》に、自動《じどう》的に思い出しちゃうときがある。だからときどき、自分の考えって、自分が生み出したんじゃなくて、どこかから勝手《かって》にやってきた言葉《ことば》なんじゃないかなって思うことがあるんだ。

あなたは夢を見ることがあるよね。あれは、自分で「夢を見よう」と思って見られるものでなくて、夢の方が寝《ね》ている間に勝手にやってくるよね。起《お》きているときの自分の考えも同じなんじゃないかな。本当は「考え」のほうがやってきて、自分が思わなくても「考え」だけがひとりでに生まれるんじゃないかと思うんだ。自分で動《うご》かそうって思わなくても、心臓《しんぞう》とか胃腸《いちょう》とかが勝手に動いているようにね。

だから私は、デカルトの「自分は考えているあいだだけ存在する」というのは間違いで、自分がなくても考えだけはあるんじゃないかと思う。

1+1は絶《ぜっ》対《たい》に2か？

ずっと続《つづ》けたら……

すごく面白《おもしろ》い質問《しつもん》だね。10進法《しんほう》って知っているかな。0から始《はじ》まって、1、2、3と進《すす》んで、9までいくと、10になって、1と0を使《つか》って二桁《けた》に桁があがる。そう、学校で習《なら》って、世《せ》界中《かいじゅう》どこでも使っている数字の使い方だね。この数字の使い方だと、1+1は2だと答える決《き》まりになっている。でも実《じつ》は、0と1しか使わない2進法という数字の使い方もあって、それだと、1+1=10と計算するのが決まりだ。

さて、話を10進法に戻《もど》そう。1+1だと2とすぐに答えられるけど、これを1+1

＋１＋１＋１……とずっと続けるとどうなるだろう。ずっと、ずーっと、人間の寿命《じゅみょう》じゃ数え切れないほど、どんなに高性能《こうせいのう》で最高《さいこう》に頑丈《がんじょう》なコンピューターでも壊《こわ》れてしまうほど、ずっと「１＋１」って続けるんだ。そうなると、どうなるだろう。「絶対に、コレコレだ」って正解《せいかい》があるかな。

ある人たちは「どんなに計算が長くなっても一つの正解が絶対にある。人類《じんるい》の寿命が尽《つ》きて数えられる人が誰《だれ》もいなくなっても、超《ちょう》高性能のコンピューターが動《うご》かなくなっても、それは計算する人や物《もの》がいなくなっただけで、その計算の正解そのものはある」と言う。だって、一つの答えになるのが決まりだから、絶対に一つの答えがあると言うんだ。でも別《べつ》の人たちは「その計算をできる人や物がなくなれば、正解はない」と考える。どんな計算でも、誰かが、あるいは何かの計算機《き》がやっている。人間でも、コンピューターでも、頭のすごくいい宇宙《うちゅう》人でも、必ず寿命があるし、計算能力にも限界《げんかい》がある。だから計算にも限界があって、もし神様《かみさま》がいないのなら（神様には限界がないからね）、「１＋１＋１＋１……」ってずっと続けるその足し算には、正解はないと言うんだ。正解がわからないのではなくて、「ない」んだ。

あなたはどっちが正しいと思う？　私《わたし》は後者《こうしゃ》が正しいと思う。

クッキー＋ピーマン

たとえば、リンゴ1個《こ》とミカン1個、足したらいくつ？　算数のテストでは、2個ってことになっている。でも、私の友達《ともだち》はこう言うんだ。「リンゴ1個とミカン1個をいくら足しても、リンゴ1個とミカン1個だよ。だって、リンゴはリンゴ、ミカンはミカンじゃん」って。えっ、そこは果物《くだもの》2個じゃないの。そう言いたくなるけれど、たしかに、クッキー1個とピーマン1個だったら、私も同じように感《かん》じるかも。「2個あるから1個あげるよ」って差《さ》し出されたのが、クッキーだったらうれしいけど、ピーマンだったらガッカリだもん。

リンゴ1個とミカン1個を見て、おいしそうな果物が2個あると思う人もいれば、好《す》きなものと嫌《きら》いなものが一つずつって思う人もいる。それぞれがその人にとってまったく別《べつ》の意味《いみ》をもつなら、1＋1は2なんてひとくくりにはできない。1＋1はどこまでいっても、1＋1のままだ。

算数だけは疑《うたが》えない？

僕《ぼく》が最初《さいしょ》に哲学《てつがく》に興味《きょうみ》をもったのは、この世界《せかい》のあらゆることは不確《ふたし》かで、「絶対《ぜったい》」なんて言えるものは一つもないんじゃないかと思ったからだ。哲学者の中にはこんなふうに考える人は結構《けっこう》いて、いま現実《げんじつ》だと思っているものも実《じつ》は夢《ゆめ》かもしれないとか、僕たちは悪《わる》い科学者《かがくしゃ》によって脳《のう》みそだけ培養器《ばいようき》の中に入れられていて、実は電気刺激《しげき》で幻覚《げんかく》を見せられているだけかもしれないとか（『マトリックス』っていう映画を知っているかな？）、この世《よ》のすべてのことをありとあらゆる仕方《しかた》で疑《うたが》っていた。哲学に出会ったばかりの頃《ころ》、僕はそういう本を夢中《むちゅう》になって読んだんだ！

でも、ある本にこう書いてあった。たしかに、いま夢を見ているかもしれないと疑うことはできる。しかし、そんな夢の中でさえ、2＋3が5であることだけは決《けっ》して疑うことはできないだろう、と。たしかにそうだ！　と当時の僕は思った。だって、2＋3が4や7だって言われても、それはもはや何を意味《いみ》しているのかまったく理解《りかい》できないから、夢だとしても僕たちはそれがどんな感《かん》じの夢なのか想像《そうぞう》することすらできないもの（もし「2＋3＝7」だって想像できると思うなら、その世界で「7－3」がいくつになるかを想像してみて）。

こうして僕は、あらゆることを疑おうとしても算数だけは疑えないんだって気づいて、心底《しんそこ》びっくりした。そしてすぐに、なんで算数だけがそんなに特別《とくべつ》なのか、とても強く不思議《ふしぎ》に感じた。その謎《なぞ》は未《いま》だに解《と》けていない。みんなはどう思う？

なんのためにおしゃれをするの？

人にバカにされないため？

たしかに、不思議《ふしぎ》だよね。おしゃれをどのくらい重要《じゅうよう》なものと考えるかは人によって違《ちが》う。僕《ぼく》の場合は、服《ふく》なら暖《あたた》かさや着《き》心地《ごこち》といった使《つか》い心地が重要で、あまりおしゃれには気を使っていない。だって、どんなおしゃれもそれなりにお金と労力《ろうりょく》がかかるからだ。おしゃれって直接的《ちょくせつてき》には「役《やく》に立たない」。だから、役に立つ、暖かさとか着心地とかで選《えら》んでしまうんだ。

といっても、使い心地が同じで、値段《ねだん》も同じなら、おしゃれなものを選んで着ると思う。なぜなんだろう？

僕の場合は、周《まわ》りによく思われたいからだ。「おしゃれだな」とか「カッコいいな」とかって思われたいわけじゃない。もちろん、そう思われたらうれしいけど、それよりも重要なのは「場違《ばちが》いだな」とか「変《へん》な格好《かっこう》をしているな」とか思われないことだ。つまり、周りにバカにされないためにおしゃれをしているんだ。

おしゃれは自分の外側《そとがわ》を飾《かざ》ることだ。だから、おしゃれに着飾るときには、周りからどう見えるかが一番重要なものだと僕は思う。仮《かり》に周りから人がいなくなったり、鏡《かがみ》がなくなって自分の姿《すがた》が見えなくなったりしたら、おしゃれをする人はいなくなるんじゃないかな。

自分を楽しませるため？

うーん、ムラセさんの言うことはもっともだ。でも、私《わたし》は誰《だれ》にも会わずに一人でいるときも、できたら、すてきな格好をしていたいと感《かん》じる。どうしてかな。

もしかしたら、自分の近くには自分が気に入っているものを置《お》いておきたいのかもしれない。たとえば、お布団《ふとん》のカバーとか、家でふだん使う食器《しょっき》とか、誰かに見せるわけじゃないものでも、自分の好《す》きな色や柄《がら》のものにするとうれしい気分になる。それと同じで、自分が着る服も、自分自身《じぶんじしん》を楽しませるために、気に入ったものを選ぶんじゃないかな。あまり好きじゃないものに囲《かこ》まれていると、暗《くら》い気持《きも》ちになってしまうから。

それから、悲《かな》しい気分のときには暗い色の服を、思いっきり遊《あそ》ぶときは明るい色の服を、自然《しぜん》に選んでいるような気もする。おしゃれはたしかに、自分の外側の見た目を飾ることなんだけど、それは自分の心の中とも強く結《むす》びついていると思うな。

おしゃれ＝服《ふく》なのかな？

ムラセさんは、おしゃれをするのは「周りからどう見えるか」が気になるからだと言う。そう考えると、なんでみんな流行《りゅうこう》を気にするのかの説明《せつめい》もつくね。みんながはやりの服を着ているのに、一人だけ流行遅《おく》れの服を着ていたら、周りの目が気になる。だからみんな流行に乗《の》り遅《おく》れないように必死《ひっし》なんだ。このことの根《ね》っこには、人と違った格好をしていると周りから変に思われるっていうことがあるけど、それって人を見た目だけで判断《はんだん》しているということなんじゃないかな？　それに、そうやって周りから浮《う》かないように、周りに合わせるためだけにするおしゃれって、そもそも楽しいのかな？

これに対《たい》して、ゴードさんは、おしゃれをするのは「自分自身を楽しませるため」でもあると言う。この気持《きも》ち、よくわかるけど、それなら服よりも、カバンとかペンとか、自分からもよく見えて手に取《と》れるものを自分のお気に入りでそろえた方が楽しくない？　実際《じっさい》に僕は服よりも、毎日使って自分からもよく見ることができる日用品《にちようひん》の方に、選ぶ時間をかけている（僕がいま気に入って毎日使っているコーヒータンブラーは、ちょっと自慢《じまん》の一品《いっぴん》だ！）。だから、なんでおしゃれというと、みんなまず「服」のことを考えるのかが疑問《ぎもん》なんだ。

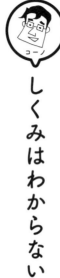

なぜ聞いた曲《きょく》が頭で流《なが》れ続《つづ》けるの？

しくみはわからない

それは一度《いちど》記《き》憶《おく》されたものが、どのように思い出されるかという問題《もんだい》だよね。こういう記憶や思い出しに関《かか》わる分野は、心理学という科学なんだけど、実はなぜそういうことが起《お》こるのか、そのメカニズムは心理学でもまだよくわかっていないようなんだ。ふつう、記憶されたことって、自分で思い出そうとすると思い出せるように思うよね。たとえば、学校のテストで、このひらがなの言葉《ことば》を漢字《かんじ》に直しなさいっていう問題で、「え〜と、こうだったかな」とか考えながら思い出すよね。

　でも、そんなに思い出そうとしなくても思い出すことってある。テストでも、思い出そうとする努力《どりょく》なしに思い出すことも多いし、友達や先生の名前、もしかするとその誕生日《たんじょうび》とかもスラスラ思い出すんじゃないかな。

　それに自分で勝手に何かを思い出すってこともあるよね。フッと以前旅行《りょこう》した風景《ふうけい》を思い出したこととかないかな。だから、音楽も勝手に思い出すことがあるんだと思う。でも、音楽ってしばしば繰《く》り返《かえ》し聞こえてくることがあるよね。好《す》きな音楽が繰り返し頭の中で流れるならいいけど、テレビのコマーシャルであんまり好きでない曲《きょく》まで頭にこびりついてしまうことがあって、あれはいやだよね。

　でも、その頭の中で流れる曲って、歌詞《かし》やメロディーや楽器《がっき》の細かい音まで正確《せいかく》に繰り返されているかな。少なくとも私《わたし》の場合はそうじゃない。歌詞とか途中《とちゅう》でわからなくなったり、細かい音程《おんてい》が間違《まちが》っていたりする。だから、本当に正確に耳に張《は》りついているわけではないと思う。本当は、音を記憶しているんじゃなくて、頭の中で自分で鼻歌《はなうた》みたいに歌って再現《さいげん》しているんじゃないかな。

　私はあんまり繰り返し同じ曲が流れるときには、本当の曲を耳で聴《き》いて打《う》ち消《け》すことにしているんだ。変《へん》な話だね。

まとめて記憶

虹《にじ》を思い浮《う》かべようとすると、一色だけじゃなく、赤、だいだい、黄、緑《みどり》、青、藍《あい》、紫《むらさき》と、いくつもの色が弧《こ》を描《えが》くのをいっぺんに思い出すよね。音楽もそれと同じなんじゃないかな。

つまり、私たちが音楽を聴くとき、一音ずつ別々《べつべつ》に聴いているわけじゃない。いくつもの音の連《つら》なりを、メロディーやリズムを感《かん》じながら、まとめて聴いているんだ。だから、いったん曲を覚《おぼ》えたら、ほんの出だしを思い出しただけでもう止まらない。まとめて覚えたメロディーが、次々《つぎつぎ》と頭の中に浮かんできてしまう。

私なんて曲の終《お》わりをしっかり覚えていないもんだから、サビのところばかり頭の中でぐるぐる繰り返しちゃうことがよくあるよ。お祭《まつ》りやスーパーでかかっている曲もそう。同じ曲が何度《なんど》も繰り返し流されるから、どこでどう終わるかわからなくて、頭の中でも延々《えんえん》と流れ続けてしまう。

意味《いみ》よりメロディー

同じ記憶といっても、覚《おぼ》えやすいものと覚えにくいもの、思い出しやすいものと思い出しにくいものがあると思う。メロディーやリズムがはっきりしている曲、特《とく》に、声に出して歌えるような「歌」は、とても人間の記憶に残《のこ》りやすいのではないかな。長い詩《し》を覚えるのは大変《たいへん》だけど、歌詞《かし》ならかなり早く覚えられるし、長い間忘《わす》れずにいられるよね。お店の名前や電話番号《ばんごう》も、読んだだけ、聞いただけなら忘れてしまうけれど、CMソングになっているとすぐに覚えて、逆《ぎゃく》に忘れられなくなってしまう。勉《べん》強《きょう》でなかなか覚えられない言葉も、替《か》え歌にすると覚えられるし、意味のわからない外国語でも、歌なら歌える場合もある。

　私たちはふつう意味がつながらない言葉や、自分の生活の中でさほど意味のない事《こと》柄《がら》は、なかなか記憶することができない。でも、歌にすると、意味ではなく音とリズムのつながりに頼《たよ》って、覚えることができるみたいだ。

　ということは、私たちにとって「音やリズムのつながり」は、「意味のつながり」よりも強いものなのではないかな。だから、ふだんは「意味」でつながっている自分の生活や考えの中に、突然《とつぜん》、無関係《むかんけい》な音楽が現《あらわ》れて、なかなか意味のつながりの方に戻《もど》れなくなって、びっくりするんだと思う。

いやな人とどうつき合う？

じっくり観察《かんさつ》を

本当に相手《あいて》のことがいやなら、つき合わないようにすることが大切だ。だって、そうしないと、ストレスがたまって自分がいやなやつになってしまう。自分がいやなことをされたせいで、他《ほか》の人にいやなことをしてしまう人。実《じつ》は大人でもたくさんいるんだ。それは、いやなことをされると、疲《つか》れてしまうからでもある。だから、自分を守《まも》るためにも、いやな人とはなるべくつき合わないようにすることが大切なんだ。

でも、つき合わないわけにはいかないときもある。そういうときは、相手のどこがいやなのかをじっくりと見る。相手の行動《こうどう》だけじゃない。自分の気持《きも》ちもじっくりと見る。どんなときに自分がイラッとするのかを観察するんだ。そして、相手がいやなことをする理由《りゆう》を考える。相手に聞いてもよい。多くの場合、いやなことをする人は自分がいやなことをしていると思っていない。良《よ》かれと思ってやっていることすらある。こういうときは、自分がいやな思いをしていると知ってもらうことが重要《じゅうよう》だ。知ってもらえれば、いやな行動を自分の前ではしなくなるかもしれない。

でも、やめようと思っていても、つい、癖《くせ》で続《つづ》けてしまう人もいる。大きな声を出してほしくない人が近くにいて、そうしないようにしていても、ついついいつもの感《かん》じで大きな声を出してしまう。長いあいだそうやってきたからなかなか変《か》えられないんだ。そして、大きな声をあげるたびにその人に怒《おこ》られていたら、それがいやになってきて、本当は自分は悪《わる》くないんじゃないか、なんて思いはじめてしまう。本当は悪いことだとわかっているし、他の人にいやな思いをしてほしくないって思っていても、なかなか変われないうちに、そんなふうに考えるようになってしまうんだ。これは大人にはよくあることだ。こうなってしまうと時間がかかってしまうし、なんだか複雑《ふくざつ》な話になってしまう。だから、本当は、いやな人が変わるのを待《ま》つ時間がとれないことや、それを待つ余裕《よゆう》がないことが一番の問題《もんだい》なんだと思うな。

本気で怒《おこ》ろう

いやなことをする人がいても、つい、そのままにしてしまうことがある。なかなか、いやだと言えなくて、我慢《がまん》してしまうこともある。でも、そんなときは、まだ怒り方が足りない。「怒《いか》り」というのは、あまりいい気分ではないけれど、間違《まちが》ったことを間違っていると感《かん》じるときのとても大切な感情《かんじょう》なんだ。だから、いやなことをする人がいたら、まずは心の奥深《おくふか》くで、静《しず》かに強く怒ろう。全身全霊《ぜんしんぜんれい》で、本気で怒ろう。

もしも、怒りを感じないように閉《と》じ込《こ》めていたら、どうなると思う？　何が正しくて何が間違っているのか、自分でもだんだんわからなくなってしまう。だから、まずは自分の怒りを、自分で感じ切ることが大切だ。「そんなことをされたら私《わたし》はいやなんだ！」という自分の気持ちを、まずはしっかりと感じよう。もちろん、勢《いきお》いにまかせて相手《あいて》に暴力《ぼうりょく》をふるったり暴言《ぼうげん》を吐《は》いたりしてはならないし、いやがらせを仕返《しかえ》してもいけないよ。でも、誰《だれ》もいないところで暴《あば》れたり叫《さけ》んだりするのは、とても大切なことだと思う。

いやなことをなかったことにして、ただ我慢していると、自分がどんどん傷《きず》つくだけではなく、周りの人も傷つけることになる。たとえば、いやな人の悪口《わるぐち》を、本人ではなく他の人にばかり言っている人がときどきいるけれど、この人も実は怒り方が足りないんだ。十分に怒らないと、自分の中のいやな気持ちを自分で受《う》け止めきれなくて、周りに垂《た》れ流《なが》してしまう。そうなると、結局《けっきょく》自分が一番いやな人になってしまうね。

いやな人ってどんな人？

いやな人とつき合うときは時間をかけて相手《あいて》が変《か》わるのを待《ま》たなきゃいけないっていうムラセさんの話も、ちゃんと怒《おこ》らなきゃダメだっていうゴードさんの話も、それぞれよくわかる。でもちょっと待って！　二人とも「いやな人」がどんな人かについてはあまり話していないけど、それってそんなにはっきりしていることなのかな？いつでもみんながいやがることをわざとして、それでみんなから嫌《きら》われている人がいたとしたら、その人は確《たし》かに「いやな人」だ。だけど、そんな絵に描《か》いたようないやな人は、現実《げんじつ》にはほとんどいないよね？

前にムラセさんは、あるところで「誰《だれ》を好《す》きになるかは、好きになる側《がわ》の人の性格《せいかく》や個性《こせい》も大きく関係してくる」って言っていた。それと同じことが、「いやな人」にも当てはまるんじゃないかな。つまり、どんな人をいやな人と感じるかは、感じる側の人との相性《あいしょう》も大いに関係《かんけい》していると思う。いやだと感じる人は、単《たん》に「自分と合わない人」でしかない場合も多いと思うんだ。

もしそうなら、ゴードさんとは逆《ぎゃく》で、いやな人だなと感じてもすぐには怒らずに、なぜ自分にはその人がいやな人だと感じられるのかを冷静《れいせい》に考えてみることが必要《ひつよう》かもね。

血液型《けつえきがた》によって性格《せいかく》の違《ちが》いはある？

むかしの学会も否定《ひてい》した

はっきり答えよう。血液型と性格には関連性《かんれんせい》がない。大人の人でも、「あの人はB型だから、こういう性格をしてる」とか、「あなたはO型だから、こういう性格のはずだよ」とか言う人いるよね。でもそれは、全部《ぜんぶ》間違い。血液型と性格の間に関連があると信《しん》じている人がいるのは、実は日本と日本に影響《えいきょう》を受《う》けた二、三の国の人だけなんだ。

むかし日本のある学者《がくしゃ》がＡＢＯ血液型と性格の間に関連があるのではないかと思って仮説《かせつ》を立てたんだ。むかしは軍隊《ぐんたい》に入るときにはみんな血液型を調《しら》べていたのだけど、それと性格とが関係《かんけい》しているのじゃないかと考えた心理《しんり》学者《しゃ》がいたんだ。でも、あまりにも当てはまらないので、自分でもその説《せつ》を撤回《てっかい》したし、その当時の学会も否定した。これまで何度《なんど》も調査《ちょうさ》が行われたのだけど、関係が認《みと》められないという結論《けつろん》に達《たっ》している。血液型の分類《ぶんるい》は、ＡＢＯだけで分けるわけではなくて、Ｒｈ式という分類もある。でも、「あの人はＲｈ何型だから、こういう性格なんだ」とか聞いたことないでしょ。

それに、日本ではＡ型、Ｂ型、Ｏ型、ＡＢ型が比較的《ひかくてき》バランスよく分かれているけど、アメリカのアフリカ系《けい》の人たちは８割《わり》がＡ型だし、ほとんどの人がＢ型の島《しま》もある。だとすると、その人たちはみんな同じような性格をしているのかな。そんなことはないよね。それから、性格って変《か》わることもあるけど、そうなると血液型も変わっちゃうの？　そんなことないでしょ。だからこの話はウソなんだ。

心のどこかで信《しん》じている？

　そう、コーノさんの言う通り、血液型と性格には何の関係もない。それなのに不思《ふし》議《ぎ》なのは、日本では未《いま》だに多くの人が、この間違った考えを信じているってこと。「◯◯ちゃんは几《き》帳面《ちょうめん》だからA型でしょ」とか「私はO型だからおおざっぱ」とか、しょっちゅう冗談《じょうだん》の種《たね》にして面白《おもしろ》がっている。

　そんなの冗談だから、本気では信じていないんじゃないかって？　うーん、でも、まったく信じていなかったら、そんな話をしてもちっとも面白くないと思うんだよね。血液型の話で盛《も》り上がれるってことは、やっぱり心のどこかで、少しは、このウソの話を信じているってことだ。

　そして、もっと不思議なのは、「血液型と性格は関係ないんだよ」と本当のことを言うと、「冗談のわからない、つまらないやつだな」「当たっているからそういうことを言うんだろう」なんて、悪口《わるぐち》を言われてしまうこと。本当のことを言っただけなのに、どうして責《せ》められてしまうんだろう？　おかしいよね！

知《ち》識《しき》を伝《つた》える側《がわ》の工《く》夫《ふう》も必《ひつ》要《よう》

　ゴードさんが言っているようなことが起《お》こるのは、本当のことを言う人の側にも問《もん》題《だい》があるからなんじゃないかな。たしかに、「血液型と性格は関係ない」というのは正しい科学的《てき》な知識なんだけど、そういう知識をもっている人って、自分の知識をひけらかしたり、教えるときに相手《あいて》をバカにしたりすることがよくあるんだ。「君《きみ》たちそんなことも知らないの？　バカだなあ。そんなのウソなんだって！」。こう言われたら、ついムッとして、「だから頭のいい人は嫌《きら》いだよ！」「科学だって間違っているかもしれないのに、なんでそんなふうに決《き》めつけるの！」って言い返《かえ》したくなっちゃうよね。

　でも、これは不幸《ふこう》なことだ。たしかに科学も間違うことはあるけれど、長いあいだ繰《く》り返《かえ》し観察《かんさつ》や実験《じっけん》を行った上で出された結論《けつろん》（仮説《かせつ》）は、単《たん》なる迷信《めいしん》よりもずっと信頼《しんらい》できる。だからこそ、そういう知識は、できるだけ多くの人に正しく伝えていかなければならない。でも、そのためには、科学者や学校の先生も、正しいことをただ言って終《お》わりにするのではなくて、知識をもたない人に対《たい》して「上から目線」で一方的に教えるのはやめるとか、さまざまな伝え方の工夫をしていかなければならないって思うんだ。

どうして朝は来《く》るの？

止まっているはずの地面《じめん》が……

夜、布団《ふとん》に入ると、自分でも気がつかないうちに眠《ねむ》り込《こ》んでしまう。そして、いつのまにか朝が来《き》ていて、ふと目が覚《さ》める。こんなことが毎日繰《く》り返《かえ》し起《お》こるのは、とても不思議《ふしぎ》だね。

朝と夜が繰り返しやってくるのは、私《わたし》たちの住《す》んでいる星が、くるくる回っているからなんだって。私たちの住む地球《ちきゅう》という星は、太陽《たいよう》という熱《あつ》く明るく大きな星の近くにある。地球の中で、太陽の方を向《む》いている側《がわ》の半分は明るく暖《あたた》かく、反対側《はんたいがわ》の半分は暗《くら》く冷《つめ》たくなっている。この明るい側が昼で、暗い側が夜なんだ。そして、地球は自分の体をぐるりと一日一回転《いっかいてん》させている。すると、あなたの住んでいる場所《ばしょ》が、太陽の方を向いたり、反対《はんたい》を向いたりするね。これが、毎日、昼と夜が繰り返しやってくる理由《りゆう》なんだって。止まっているはずの地面が、実《じつ》は毎日、回っているなんて、びっくりしてしまうね。

どんなふうに不思議《ふしぎ》？

あなたのお便《たよ》りには、ただ一言「夜寝《ね》ると、毎日、朝が来るのが不思議」とだけ書いてあった。実《じつ》を言うと、これを読んで僕《ぼく》は、とても懐《なつ》かしい気持《きも》ちになって、心をゆさぶられたんだ。哲学《てつがく》に出会って、ふつうの人が当たり前だと思っていることをずいぶん疑《うたが》ったり考えたりしてきたけど、毎日朝が来ることを「不思議」に感《かん》じる感覚《かんかく》は、もうだいぶ前に失《うしな》ってしまったなあ。でも、あなたのおかげで、これがとても不思議なことだというのを思い出せたよ。

でも、どう不思議なんだろう？　まず、毎日必《かなら》ず朝が来るというのは不思議だ。晴れの日も雨の日もあるように、たまには朝が来ない日があってもいいのに、なぜだかそういう日は決《けっ》してない。なんでそういう日はないのだろう？　また、眠《ねむ》って意識《いしき》がなくなっても、朝には必ず意識が戻《もど》ってくるのも不思議だ。まるで僕たちは、毎日夜になるといったん死《し》んで、朝になると必ず生き返ってくる生き物みたいだ。でも、僕が一番不思議なのは、目覚《めざ》めた自分は必ず昨日《きのう》と同じ自分だってことだ。目覚めたらお母さんだったり、庭の木だったり、ペットの犬だったりしたことは一度《いちど》もない。なんでそういうことはないのだろう？

毎日の朝が違《ちが》うのも不思議《ふしぎ》

この問《と》いはとても面白《おもしろ》いね！「毎日明るくなる」ことは、ゴードさんが書いてくれたように、太陽と地球の位置《いち》で説明《せつめい》できる。でも、「毎日朝が来る」ことの不思議さは、そこではなくて、「同じことが繰り返されている」ことにあるって、ツチヤさんは考えているようだ。

でも、本当に同じことが繰り返されているのかな？　昨日の朝と今日の朝って、違う日だ。だから、細かく見ると「まったく同じ朝」ではないはずだ。気温《きおん》や天気は違うし、家族《かぞく》みんなの表情《ひょうじょう》や声の感《かん》じもまったく同じではないだろう。もしそうなら、毎日必ず同じ朝が来るというのは、本当は正しくない。実《じつ》は、毎回違うのに、僕《ぼく》たちが、あえて同じだと考えているってことになるよね。

同じことが繰り返されているのも不思議だけど、毎日の朝がぜんぜん違うものであることも不思議なことだ。同じことが繰り返されるということは厳密《げんみつ》にはないのだとすると、あらゆる瞬間《しゅんかん》はすべてぜんぜん違うものであることになる。同じものなんて何一つ存在《そんざい》しなくて、刻一刻《こくいっこく》とすべてが移《うつ》り変わっていくんだ！　これはこれで、ちょっと怖《こわ》い感じもする。そして、もしこれが本当なら、違うのにあえて同じだって思うのはなぜなのかも不思議だ。僕たちが無理矢理《むりやり》に「同じ」ってことにしているんだからね。なんでそんなことをするんだろう？

結局《けっきょく》、「同じ」や「違う」、「繰り返す」ことについての不思議が増《ふ》えちゃったね。

なぜゲームに夢中《むちゅう》になるの？

計算されて作られたもの

ゲームにはいろいろな種類《しゅるい》がある。トランプとサッカーでは、同じゲームでも夢中になる理由《りゆう》は違《ちが》うだろう。でも、やっぱりまずは、テレビやスマホを使《つか》ったゲームについて考えたい。テレビゲームは、僕《ぼく》が小学生のときに誕生《たんじょう》したので、僕らはテレビゲームに夢中になった最初《さいしょ》の子どもたちなんだ！

子どもの頃《ころ》は、ゲームはとにかく面白《おもしろ》くて、毎日学校が終《お》わるのを心待《こころま》ちにしていた。でも、大人になるにつれて、なんでこんなに面白く感《かん》じられるのかの理由に少しずつ気づくようになった。ゲームの作り手は、子どもを飽《あ》きさせないように、たくさんの工夫《くふう》をゲームに盛《も》り込《こ》んでいる。最初はうまく進《すす》められないけど、練習《れんしゅう》すると強い敵《てき》も倒《たお》せるようになる。簡単《かんたん》すぎるとすぐに飽きられちゃうけど、かといって難《むずか》しすぎても途中《とちゅう》で投《な》げ出されちゃう。そのギリギリの難易度《なんいど》になるように、何度《なんど》も何度も計算を繰《く》り返《かえ》してゲームを作っているんだ。

　そういうことに気づくようになってから、僕はあまりゲームをやらなくなった。子どもが夢中になるように計算されて作られたものに夢中になるのが、なんだか大人の手のひらの上で踊《おど》らされているみたいで、むなしくなったんだ。

現実《げんじつ》より単純《たんじゅん》で面白い

　電車の中では、お兄さんもお姉さんもおじさんもおばさんもゲームをやっている人が多いよね。でも、どうしてみんなあんなにゲームに夢中なのかな。それは、きっと、実際《じっさい》に生きている現実よりもゲームの方が面白いからだよ。どうして面白いかというと、単純だからだと思う。単純なものには没頭《ぼっとう》できるよね。ゲームにはルールがあって、目標《もくひょう》があって、自分のやるべきことがわかりやすいし、人と競《きそ》える。でも、現実は複雑《ふくざつ》で、いろいろなルールがあって、どのルールに従《したが》えばよいかよくわからないことも多い。生きている目標なんていろいろで、一つのことに集中《しゅうちゅう》できない。だいたい、「こうすれば最高得点《さいこうとくてん》です」という状態《じょうたい》もないし、何をすればいいか、何を競えばよいかもはっきりしない。

大人でもゲームに夢中になっている人はたくさんいる。マージャンや競馬《けいば》、パチンコ、囲碁《いご》、将棋《しょうぎ》、スポーツもそうだけど、それだけじゃない。お金を人より稼《かせ》いだり、高い地位《ちい》を得《え》ることをゲームみたいに追求《ついきゅう》して、勝《か》った負《ふ》けたと言う大人がいる。子どもをいい大学に行かせて、ゲームをクリアしたように大喜《よろこ》びしている親がいる。

みんな現実や人生を自分で勝手に単純化《か》して、我《われ》を忘《わす》れてゲームの世界《せかい》に夢中になっている。大人も子どもと同じだよ。そうしないと、現実はいろいろありすぎて、生きることの意味《いみ》がわからなくなって、生きていてもむなしいと感《かん》じる人がたくさんいるんだ。

お手《て》軽《がる》な達《たっ》成《せい》感《かん》

「夢中になるように作られているから」というツチヤさんの考えにも、「現実よりも単純だから」というコーノさんの考えにも、とても納得《なっとく》したよ。私《わたし》が付《つ》け足したい第三《だいさん》の理由《りゆう》は、「罪悪感《ざいあくかん》をもたずに、やるべきことから逃《に》げられるから」という考え。

勉強《べんきょう》や掃除《そうじ》などの「やるべきこと」というのは、たいてい、かなりめんどくさいよね。それに、大好《す》きでもっと上達《じょうたつ》したいと思っているはずのこと、たとえばピアノや野球《やきゅう》でさえ、こつこつ基礎的《きそてき》な練習《れんしゅう》をするのはとても大変《たいへん》で、できればやりたくないと思ってしまう。でも、何もせずにいると、「いま私は逃げてしまっているな、やるべきことが何もできていない」という気持《きも》ちに向《む》き合わなければならなくなって、それはそれで苦《くる》しい。

そんなとき、ゲームをやってクリアすると、簡単に何か素晴らしいことを「成《な》し遂《と》げた」という気持ちになれる。その錯覚《さっかく》によって、結局《けっきょく》は現実逃避《とうひ》をしていることには変《か》わりがないのに、罪悪感が少なくなるんだ。

　ゲームのお手軽な達成感に逃《に》げ込《こ》むのはよくないけど、逆《ぎゃく》にその性質《せいしつ》を利用《りよう》できたらいいかもしれない。つまり、いろんなめんどくさいことを、自分でゲームにして楽しんでしまうんだ。たとえば、「レベル1：得意《とくい》な漢字《かんじ》ドリルを1ページ」「レベル2：苦手《にがて》な算数ドリルを1ページ」みたいに、自分でゲームのステージを決《き》めてクリアしていくと、何度《なんど》も達成感が感じられて、宿題《しゅくだい》も楽しく頑張《がんば》れるんじゃないかな。

なぜ雨上がりに虹《にじ》が出るの？

太陽《たいよう》の光と水滴《すいてき》がそろう

虹は、太陽の光が雨の粒《つぶ》にぶつかって、たくさんの色の光に分解《ぶんかい》されたものなんだって。太陽の光には色がないように見えるけれど、水滴や、プリズムと呼《よ》ばれるガラスの三角柱《さんかくちゅう》などにぶつかると、いろいろな色に分かれる。不思議《ふしぎ》だね。

虹が出るためには、太陽の光と水の粒の、両方《りょうほう》が必要《ひつよう》だ。だから、晴れの日には虹は出ない。光はあるけれど水滴がないからね。でも、天気雨のときには、光と雨粒の両方があるから、雨が降《ふ》っている最中《さいちゅう》に虹が出やすいんだよ。それに、晴れた日にホースで水をまけば、光と水滴の両方がそろうから、自分で虹を作ることもできるんだ。逆《ぎゃく》に、どんより曇《くも》った雨の日には、水滴はたくさんあるけれど光がない。そんな日は、たとえ雨が上がったとしても、光がないから虹は出ない。虹が出るのは、夏の夕立の後のように、雨がやむ頃《ころ》に空がぱっと晴れて、太陽の光が雨粒の中に差《さ》し込《こ》む日だけなんだよ。

美《うつく》しいのはなぜ？

雨上がりに虹が出るしくみは、ゴードさんが説明《せつめい》してくれた通りだ。これであなたの疑問《ぎもん》は解決《かいけつ》したかな？　……もしかしたら、まだもやもやが残《のこ》っているかもしれないね。少なくとも僕《ぼく》はそうだ。

僕の中に残っているもやもやは、じゃあなんで虹はあんなにも「きれい」なんだろうってことだ。太陽の光が雨粒に分解されて虹になるのはわかった。でもだとしたら、虹があんなにもカラフルできれいな色の光に分解されるのは、単《たん》に「たまたま」ってことになる。太陽光《たいようこう》が自然《しぜん》の法則《ほうそく》にしたがって分解されただけなのに、それによって生まれる虹は、多くの人にとって美しく感《かん》じられ、心地よい感情《かんじょう》を引き起《お》こす。これってよく考えてみると、とっても不思議なことなんじゃないかな！

虹だけじゃない。たとえば、雪の結晶《けっしょう》を顕微鏡《けんびきょう》で見ると、信《しん》じられないくらいきれいな形をしている。なんで「たまたま」起こっただけの「自然」の中に、こんなにも釣《つ》り合いの取《と》れた美しいものがあるんだろう？　その理由《りゆう》を解明《かいめい》しないと、なぜ雨上がりにこんなにもきれいなものが現《あらわ》れるのかを説明したことにはならないって僕は思うんだ。

大空にかかると気分が違《ちが》う

これまでずいぶん虹を見たけど、雨が降《ふ》って急《きゅう》に晴れたときよりも、天気雨のとき、つまり、空の一部《いちぶ》で雨が降っていて、別《べつ》の場所《ばしょ》は雲がなくて太陽が出ているときのほうが多かったね。山で霧《きり》がかかって、そこに背後《はいご》から日が差《さ》したときにもしばしば虹ができる。これもよく見たことがある。あとは、雨が上がった後でなくても、空気中に水分が多いときにはできると思う。

それから、空にかかるほど大きくないけれど、大きな滝《たき》の近くではいつも見えるよ。自分で作ることも難《むずか》しくない。太陽を背《せ》にして、霧吹《きりふ》きで細かい水の粒を飛《と》ばす。そこに日が当たると虹ができる。自分でやってみてね。すぐにできるよ。だから、虹は別に珍《めずら》しくないし、雨上がりばかりに虹ができるわけではない。

でも、天気雨って降っているか止んでいるかわからなくて、ちょっと中途半端《ちゅうとはんぱ》な感《かん》じだし、山で霧の中に見えてもそんなに鮮明《せんめい》じゃなくて感動《かんどう》しない。滝の近くの虹は小さすぎる。雨がザーッと降った後に、きれいに晴れて、大空に虹がかかるとなんかきれいで、感動的《かんどうてき》で、特別《とくべつ》なものに思えるよね。気分の違いかな、つまり。

たまごと鳥、どっちが最《さい》初《しょ》？

決《き》まっているけどわからない

この疑問文《ぎもんぶん》の「どっちが最初？」を「どっちがおおもとの原因《げんいん》？」と解釈《かいしゃく》すると、答えはたしかに永久《えいきゅう》に出ない。たまごがあるなら、その原因として親鳥がいなければならないし、親鳥がいるなら、その親鳥が生まれた原因としてたまごがあったはずだ。でも、親鳥のたまごがあったということは、その原因として、親鳥のたまごを産《う》んだおばあさん鳥がいたはずで、だとすると、そのおばあさん鳥が生まれた原因になるたまごがなければならないはずで……と、あとは無限《むげん》ループ。

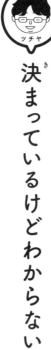

でも、原因の、原因の、そのまた原因の……って原因をたどって考えると、僕《ぼく》たちには永遠《えいえん》に答えが出せないのに、現実《げんじつ》にはどこかの時点で、たまごか鳥かのどちらかが最初に生まれたはずなんだ。でなけりゃ、いま、たまごや鳥がこの世《よ》に存在《そんざい》しているはずがないのだから。だとすると、僕らには「おおもとの原因」がどちらかは決《けっ》してわからないのだけど、それにもかかわらず、一番最初がどっちであったかという「事《じ》実《じつ》」は現《げん》に決まっているってことになる。

……うーん、なんだかちょっと釈然《しゃくぜん》としないな。もしかしたら、この考え方の中には、何か大きな誤解《ごかい》が含《ふく》まれているのかもしれない。

言葉《ことば》では説明《せつめい》できない

あなたが「鳥」と呼《よ》んでいるものと、鳥の先祖《せんぞ》とのあいだにはっきりとした線が引けるかな？　色で考えてみよう。紫色《むらさきいろ》には度合《どあ》いがあって、赤っぽい紫と紫っぽい赤のあいだは連続《れんぞく》している。赤っぽい紫は、もっと赤みが強くなってしまうと、もう紫とは呼べないで、「少し紫っぽい赤」になってしまう。でも、そのあいだの違いはほんの少しだよね。

世界《せかい》に存在するモノって、こうした色のように連続していることが多い。生き物《もの》も同じで、これは鳥だって呼べるような生き物と、そのたまごを産《う》んだ親とでは違いはあんまりない。だから、鳥とたまごのどっちが先とか考えても、はっきりした答えは出せないんだ。鳥に近い先祖がたまごを産んで、そのまた子どもがたまごを産んで、だんだんいま存在している鳥になっていったんだ。富士山《ふじさん》の裾野《すその》ってだんだんなだらかに平《たい》らになっていくでしょ。どこが富士山の始《はじ》まりかといっても、はっきりした始まりがあるわけではない。それと同じだよ。あなたがそういう問《と》いを思いつくのは、言葉で考えて質問を思いついたからじゃないかな。言葉はモノと違って、それぞれがはっきり区別《くべつ》されているよ。言葉のあいだのはっきりした区別に対応《たいおう》するように、モノの間にもはっきりした区別があるんじゃないかと錯覚《さっかく》してしまうんだ。でも現実は言葉のちがいほどはっきり区別されていないことが多い。

最後《さいご》に残《のこ》ったものが……

ツチヤさんとコーノさんの話を合わせると、最初に何かがあったのは確《たし》かだけど、それはいわゆる「鳥」ではないようなもので、それを表《あらわ》す言葉《ことば》はないって感《かん》じかな。

この「最初はどっちか」という問いって面白《おもしろ》いよね。鳥とたまご以外《いがい》にもいろんなものを比《くら》べることができそうだ。たとえば、おにぎりとお米。これは、お米って答えることができそうだ。だってお米がないとおにぎりは作れない。じゃあ、1と2はどうかな？　1と2はどっちが最初に生まれたのかな？　なんか1な感じがする。だって、2は1と1からできている……本当かなあ？

他《ほか》にはどんなものを比べることができるだろう？　男と女とかはどうだろう。これも、鳥とたまごみたいに、最初に何かがあって少しずつ分かれていったのかな？　こうやって、いろんなものに決着《けっちゃく》をつけていって、最後に残ったものが最初の最初に生まれたものなのかもしれないね。

仲間《なかま》って必要《ひつよう》なの？

仲間《なかま》ってどういう人のこと？

「仲間」って、ちょっと不思議《ふしぎ》な言葉《ことば》だ。「友達《ともだち》」と似《に》た意味《いみ》で使《つか》われることもあるけど、イコールではない。だって、たとえば、同じサッカーチームの選手《せんしゅ》たちは、一致《いっち》団結《だんけつ》して敵《てき》チームと戦《たたか》う「仲間」だけど、だからといって、全員《ぜんいん》が「友達」であるとは限《かぎ》らない（むしろそうでないことの方が多い）もの。だとすると、「仲間」っていったいどういう人のことを言うんだろう？

たぶん仲間っていうのは、同じ仕事《しごと》をしていたり、同じ目標《もくひょう》を抱《いだ》いていたりして、それに一緒《いっしょ》に取《と》り組んでいる人のことだ。そうだとしたら、仲間が必要《ひつよう》かどうかという問《と》いは、自分がどういう仕事に取り組んでいるかとか、どういうことをやりたいかとかによって答えが変《か》わってくる。自分一人ではできそうにないことをするには、仲間を探《さが》す必要があるけど、自分と仲間との間でやりたいことや目標がズレていたら、かえって仲間がじゃまになることもある。取り組むことがらによっては、あえて仲間を見つけずに一人で黙々《もくもく》と行った方がかえってうまくいくこともあるし、仲間の助《たす》けがなければ決《けっ》して成《な》し遂《と》げられないこともある。そういうそれぞれの場合や状況《じょうきょう》を踏《ふ》まえて考えないと、この問いには答えを出せない。だから、「仲間って必要なの？」という問いにはいつでも成り立つ答えは存在《そんざい》しないというのが、僕《ぼく》の答えだ。

会ったこともない仲間

たしかに、友達《ともだち》と仲間は違《ちが》う。友達よりも「仲間」だと思えるのは、ふだん一緒に話をしたり遊《あそ》んだりはしないけど、何かのときには互《たが》いに協力《きょうりょく》し合う関係《かんけい》の人だ。ということは、仲間の中には、知り合いじゃないけど、協力し合っている人も含《ふく》まれるはずだ。たとえば、教科書会社の人は、教科書をもっとわかりやすいものにしようとしている。だから、先生にとっては、授業《じゅぎょう》を良《よ》くしようとしている仲間の一人ってことになる。ぜんぜん別《べつ》のところにいても同じ目標《もくひょう》をもって進《すす》んでいる仲間だ。

想像《そうぞう》してほしい。君《きみ》が目標にして頑張《がんば》っていることと同じ目標をもっている、まだ知らない誰《だれ》かを。その誰かと君は話をしたことも、会ったことも、ない。でも、君とその人は同じ目標に向《む》かって一緒に進む「仲間」だ。ゲームの中で魔王《まおう》を倒《たお》すために世界各地《せかいかくち》で戦《たたか》っている勇者《ゆうしゃ》の仲間たちがいるように、その人と君は、すでに仲間なんだ。

だから、仲間は、必要《ひつよう》というよりは、いつでもいてしまうものだ。だって、僕《ぼく》たちはたいてい何かをしているし、同じ目標をもっている人は世界中《せかいじゅう》を探《さが》せばきっといるからだ。つまり、君はいつでも誰かと何かをしてしまっていて、知らないとしても、仲間がいてしまうんだ。そして、それはとても心強いことだとも思うんだ。

仲間はいいものなのか？

あなたがそういう質問《しつもん》をするからには、先生から「仲間はいいものだ」とか言われたり、クラスメートから「おまえは誰《だれ》の仲間なんだ」とか言われたりしたのかな。大人も子どももみんな仲間を作りたがるよね。どうしてかな。

友達の意味の反対は何かな？「友じゃない人」みたいな感《かん》じで一言で言い表《あらわ》せないね。では、仲間の意味の反対は何かな。「敵《てき》」じゃないかな。本当は、世《よ》の中は、仲間でも敵でもない人がたくさんいる。というよりも、人類《じんるい》のほとんどは自分の仲間でも敵でもない。でも、たぶん、人は仲間になっておけば、敵ではなくなると思っているんだ。敵になるかもしれない人とか、仲間でないし敵でもない中途《ちゅうと》半端《はんぱ》な人とかがいると、みがまえてしまう人がいる。まわりに仲間でない人といると緊張《きんちょう》してしまう人がいるんだ。

そして、そういう人はみんな緊張感が嫌《きら》いだ。自分が安心《あんしん》してうち解《と》けて、なんでも許《ゆる》してもらえる、なれ合える人間関係が好《す》きなんだ。でも、誰にでもいつでも、「仲間になろうよ」と言う人たちって、他人《たにん》についつい甘《あま》えたり、無理《むり》やわがままを言ったりすることがある。人に迷惑《めいわく》をかけても、「仲間じゃないか」ってごまかしたいんだ。

それから、仲間好きの人たちは競争《きょうそう》が嫌いだ。テニスのシングルス、柔道《じゅうどう》の試合、ピアノ・コンクールではすべての人がライバルだ。仲間なんていない。多くの人は一人が嫌いなんだ。死《し》ぬときはいつも人間は一人なのにね。私《わたし》は、人のことを「仲間だ、仲間だ」って言う人とは、あんまり仲間になりたくない。

「わかる」と「わからない」の違《ちが》いは？

「学びの前と後」というわけではない

私《わたし》たちはふだん、「わからない」ことについて、知ったり学んだり考えたりすると「わかる」ようになると思っている。でも、本当はそんなに単純《たんじゅん》じゃない。

たとえば勉強《べんきょう》をしているとき、授業《じゅぎょう》を聞いてわかったと思ったのに、問題《もんだい》を解《と》こうとすると解けないことがよくある。ときには逆《ぎゃく》に、いくら勉強してもわからなかったことが、少し時間をあけただけで、たちまちわかってしまうということもある。まったく同じ説明《せつめい》を聞いても、それがわかる人とわからない人がいるし、ぜんぜん違う説明を聞いたのに、同じことがわかるようになるときもある。ということは、「勉強がわかる」ようになるのは、知識《ちしき》や説明を学んだときではないのかもしれない。

「気持《きも》ちがわかる」というのも、とても難《むずか》しい。気持ちをわかってくれる人は、なんにも説明しなくても最初《さいしょ》からわかってくれる。でも、わかってくれない人は、どんなに言葉《ことば》を尽《つ》くしてもわからない。似《に》たような境遇《きょうぐう》にいてもわかり合えないこともあるし、初《はじ》めて出会ったのに意気投合《いきとうごう》することもある。わからなかった気持ちがわかるようになるのは、どんなときなのだろう。

それに、スポーツでも音楽でも料理《りょうり》でも絵でも、どうすればできるのかと上手な人に相談《そうだん》しても、わからないと言われてしまうことがある。意地悪《いじわる》で教えてくれないわけではなくて、たくさん学んで練習《れんしゅう》して、とても上手にできるのに、自分がどうやっているのか、「やり方がわからない」んだね。

それなら、「わかる」っていったいどういうこと？

「わかる」にもいろいろ

ゴードさんが最後《さいご》の方で言っている「わかる」は、「言葉で説明できる」って意味《いみ》じゃないかな。ゴードさんが例《れい》にあげている人は、実際《じっさい》に「やる」ことはうまくできるんだけど、なぜそれができるのか「言葉で説明する」ことはうまくできないから、「わからない」って言うんだ。……でも待《ま》てよ。だとすると勉強《べんきょう》の例はどうなる？　問題《もんだい》の解《と》き方を「言葉で説明」できても、実際に「問題を解く」ことができなければ、やっぱり「わかっていない」って言われそうだ。すると、このときの「わかる」の使《つか》い方は、さっきとは正反対《はんたい》ってことになる。

……むむ、これは結構《けっこう》やっかいだぞ！　他《ほか》にも僕《ぼく》たちは、心の底《そこ》から理解《りかい》できたときにも「わかる」を使うし、他の人の感覚《かんかく》や意見《いけん》に共感《きょうかん》したときにも「わかる」を使う。これらはそれぞれ、意味や使われ方が微妙《びみょう》に異《こと》なるんじゃないだろうか。じゃあ「わからない」のほうはどうだろう？

「やり方」を獲得《かくとく》したかどうか

「わかる」ってなんとなく、心の中の出来事《できごと》のように思うけど、本当は、何かができるようになることだと思う。たとえば、ケーキの作り方がわかったというときには、ケーキを何度《なんど》でも作れるようになったということだ。算数がわかったというのは、同じような問題ならいつでも解けるようになったということだね。

だから、「わかった」というのは、ある状態《じょうたい》を生じさせたり、ある状態に到達《とうたつ》できたりするためのやり方を獲得したということだと思う。「わかった！」って声を出したくなるときもあるけど、それは解答《かいとう》に到達するステップというか、やり方というか、手順《てじゅん》というか、そういうものがつながって、解答までの道のりがはっきりしたときに感じることだよね。でも、「わかった！」って言った後に、本当はわかっていなかったということもあるよね。

ただし、あることができるようになることと、そのやり方を口でうまく説明することはまた別《べつ》のことだね。鉄棒《てつぼう》で逆上《さかあ》がりができても、どうやるかを口で説明するのはとても難《むずか》しいし、人によって体の使《つか》い方は違うからなおさら説明が難しいよね。

他人《たにん》の気持ちがわかったというときには、ただ同じ心の状態になったということではなくて、そういう気持ちになる途中《とちゅう》の経緯《けいい》がわかったということではないかな。この人はこう思って、次にこう感じて、だからいまこういう態度をとっているんだ、とかね。だからまとめると、「わかった」って、途中の段階《だんかい》も含《ふく》めて、あることができるようになったとか、ある状態にたどり着《つ》けるようになったということだと思う。

第2章

社会のしくみを問《と》うてみる

人間は考える葦《あし》である

弱いけど偉《い》大《だい》

17世紀《せいき》のフランスの哲学者《てつがくしゃ》であり、数学や物理学《ぶつりがく》も研究《けんきゅう》したパスカルという人の言《こと》葉《ば》だね。葦というのは、水辺《みずべ》に真《ま》っすぐに生える、柔《やわ》らかくて弱い草のことだ。パスカルによれば、宇宙《うちゅう》の大きさや偉大さから見れば、人間も葦と同じくらい弱くてもろい。すぐに倒《たお》れてしまうし、死《し》んでしまう。それでも、人間はとても偉大な存在《そんざい》なんだ。

というのは、人間は自分が何者《なにもの》だか知っているからなんだ。人間は自分がもろくて、病気《びょうき》やケガをしやすいことや、最後《さいご》には自分が死んでしまうことを知っている。惑星《わくせい》や太陽《たいよう》はどんなに大きくて力強くても、意識《いしき》もないし、考えることもない。動物《どうぶつ》は意識は持《も》っているかもしれないけど、「自分は命《いのち》の短《みじか》い不完全《ふかんぜん》な存在だ」とか考えていないので、自分がどういう存在なのか、宇宙の中でどんな立場にあるのかとかわからない。だから、人間のすべての尊厳《そんげん》は、考えるという思考の働《はたら》きにあると、パスカルは言うんだ。人間以外《いがい》の存在は、自分のことを省《かえり》みたり、考えたりすることができない。思考できる人間だけが特別《とくべつ》だと言うんだ。

この言葉はとても有名《ゆうめい》だけど、なぜ、思考できると偉大なんだろうね。実は、私《わたし》は、この言葉の良《よ》さがもう一つわからないんだ。それに、考えているのって人間だけなのかな？

考えるのはつらいことも

なぜ思考できると偉大なんだろう。コーノさんのこの疑問《ぎもん》を手がかりに考えてみよう。

考えるって、楽しいことかな？　楽しいときもある。特《とく》に僕《ぼく》みたいに考えるのが好《す》きな人は、この本に出てくるような哲学的《てき》な問《と》いをあれこれ考えるのはとても楽しい。でも、そんな僕だって、ときには考えるのがめんどくさくなることもある。考えることで苦《くる》しくなったりつらくなったりすることもある。簡単《かんたん》に解決《かいけつ》できない深刻《しんこく》な悩《なや》みを抱《かか》えているときなんかは、特にそうだ。考えるって決《けっ》していいことばかりじゃない。中学校で哲学対話《たいわ》の授業《じゅぎょう》をしていても、「頭を使《つか》って一生懸命《いっしょうけんめい》考えるのってすっごく楽しい！」って感想《かんそう》を言ってくれる子が必《かなら》ずいる一方で、「考えるのはめんどくさいことなのに、なんでわざわざ考えなくちゃいけないの？」って言ってくる子も必ずいる。

考えるのが「楽しい」って感《かん》じる人も「つらい」って感じる人もいるっていうのは、どうやら否定《ひてい》できない事実《じじつ》みたいなんだ。

　でも、だとしても、考えるってやっぱり大切で必要《ひつよう》なことだとも思うんだ。だって、どんなめんどくさい問題《もんだい》でも、その問題から目をそむけずにしっかり考えなければ、問題を解決したり、少なくとも、よりましな状態《じょうたい》を作り出すことはできないから。するとここで、新しい疑問が生じる。なぜ、よく考えると問題を解決したりすることができるのだろうか？

考えなければつらいまま

　それなら私は、ツチヤさんの問いを引き受《う》けて考えてみるよ。なぜ、よく考えると問題を解決できるのだろう。

　問題を解決するときにはどんなふうに考えているか、具体例《ぐたいれい》で考えてみよう。たとえばおなかが痛《いた》くなってしまったとき。これは大問題だよね。私だったらまずは、どうしたら痛くなくなるかと対処《たいしょ》の方法《ほうほう》を考える。おなかを温《あたた》めたり、トイレに行ってみたりして、前に効《き》いた方法を一通り試《ため》してみる。少し落《お》ちついてきたら、次《つぎ》に、どうしておなかが痛くなってしまったのかと原因《げんいん》を考える。そして、さっき牛乳《ぎゅうにゅう》を飲《の》みすぎちゃったからかな……と心当たりがあったら、今度《こんど》は飲みすぎないように気をつける。そうすれば、おなかが痛くなることも少なくなって、問題解決だ。

もしもぜんぜん考えずにいたら、ずっと痛いままで我慢《がまん》しないといけないよね。だから、考えるのはたしかにめんどくさいこともあるけれど、やっぱり、考えないでいるより考えた方が楽だ。……あ、でも、痛いのを我慢して何も考えずに遊《あそ》んでいたら、治《なお》ってしまったこともある。ということは、やっぱり、考えなくてもいいのかな？

ところで、こうやって問題の対処法《たいしょほう》や原因を「考える」のは、人間だけなのだろうか。他の生き物《もの》だって、そのくらいのことは考えていそうに見えるけれど。私のこの疑問については、あなたが続《つづ》けて考えてくれたらうれしいな。

男と女、どちらが大変《たいへん》？

働《はたら》く女の人に冷《つめ》たい……

うーん、難《むずか》しい質問《しつもん》だね。「大変《たいへん》」って何についての話をしているのかと、「大変」ってどういう意味《いみ》かによるよね。

日本の話をすると、いま、政府《せいふ》は、女性《じょせい》に仕事《しごと》の分野でもっと活躍《かつやく》してもらおうって呼《よ》びかけている。日本は、働いている女性に冷たくて、女の人が男と人と同じように一生懸命《いっしょうけんめい》働いてもなかなか偉《えら》くなれなかったり、子どもを産《う》んだりすると次《つぎ》の仕事がやりにくくなっていたりしている。仕事の種類《しゅるい》も、男の人よりも選択肢《せんたくし》が少なかったりして、働きにくい職業《しょくぎょう》の種類があったりする。女の人のほうでも、そういうことが続《つづ》いて、自分はあまり仕事ができないんじゃないかと自信《じしん》をなくしている人も多い。他《ほか》の国の人たちからも、日本は女性が働きにくくて、社会で活躍しにくい国だと批判《ひはん》されている。

私《わたし》はその通りだと思う。女の人は仕事について不公平《ふこうへい》に扱《あつか》われていて大変だと思う。だから、いまよりももっと女の人が働きやすくて、子どもを産んだり育《そだ》てたりすることと、働くことが両立《りょうりつ》できる社会にするべきだと思うんだ。夫《おっと》も家事《かじ》や育児《いくじ》をいまよりも分担《ぶんたん》して、女の人の負担《ふたん》を減《へ》らすべきだと思うんだ。でも、「大変」って仕事だけの話じゃないよね。

それぞれの大変さがあるはず

例《れい》として、私自身《じしん》が「女だから大変だ」と感《かん》じることを考えてみるね。よくそう思うのは、体のことかな。子どもの体は男女とも似《に》ているけれど、大人の体は男女でぜんぜん違《ちが》う。女の体で大変なのは、まず、ほとんどの大人の男より小さくて弱いこと。危険《きけん》な目にあわないように男性《だんせい》よりも気をつけていなければならないし、自分を自分で最後《さいご》まで守《まも》りきれないと感じるのはつらい。それから、毎月、月経《げっけい》があること。おなかが痛《いた》かったりだるかったりして、他のときと同じようには動《うご》けない。それなのに、仕事はいつも同じようにこなさなければならないから、大変だと感じる。

でも、だからといって、男より女の方が大変だと言うつもりはまったくないよ。だって、男の体をもつことにも、きっと私の知らないいろんな苦労《くろう》があるはずだから。自分の体では感じない大変さを理《り》解《かい》するのはとても難《むずか》しいから、つい、他の特徴《とくちょう》をもつ体の大変さは、なかったことにしてしまいがちだ。でも、そもそも体の特徴はひとりひとりまったく違うのだから、それぞれ、他の人の体では感じられない大変さがあるはずなんだ。

みんなが、自分では感じない大変さを相手《あいて》は感じているのかもしれないという想像力をもって、誰も無理《むり》をせずに助《たす》け合えたら、少しは大変さを減らせるんじゃないかな。そういう世《よ》の中になったらいいいな。

男女の区別《くべつ》より個人《こじん》の差《さ》も

そもそも男女の区別ってそんなに意味《いみ》があるのかな？

たとえば、心は女性で体は男性《だんせい》、だから、できれば女性の体になりたい。そう思う人がいる。男性の体になりたいわけではないけど、ふだんの格好《かっこう》は、男性が着《き》そうな服《ふく》を着ていたいなぁって思う人もいる。こういう人たちを、男女の区分《くぶん》に無理矢理《むりやり》当てはめて考えたり、どっちかを選《えら》ばせたりするのは、おかしいだろう。

体の大きさだって、男性がいつでも大きいわけではない。僕《ぼく》の背丈《せたけ》は日本の女性の平均《へいきん》と同じくらいで、ヨーロッパとかに行くと、ほとんどの大人の女性よりも小さい。月経だって、年をとればなくなる（閉経《へいけい》）し、月経が来ない女性もいる。つまり、男女で区別して考えるのではなく、個人同士《どうし》の差に目を向けた方が正確《せいかく》に物事《ものごと》を考えることのできる分野があるってことだ。

もちろん、コーノさんが言ってくれた仕事《しごと》については、男女で切り分けて考えると、いろんな問題《もんだい》が見えてくる。出産《しゅっさん》や育児《いくじ》、家事《かじ》のような分野も、男女で比《くら》べて考えると問題が見えやすい分野かもしれない。つまり、おおざっぱに男女で考えるほうがうまくいく分野もある。

でも、「男女」の区分が、いつでも適切《てきせつ》な区分というわけではないし、ほとんどの分野では、男女の区別はおおざっぱすぎるって僕には思えるんだ。

なぜ人は恋《こい》をするのか？

原《げん》因《いん》や理《り》由《ゆう》はいろいろあるけれど

人間が「恋《こい》」をする原因や理由については、いろんな人がいろんなことを言っている。人間には子どもを残《のこ》す本能《ほんのう》があるから恋をするんだと言う人もいれば、ドラマや漫画《まんが》などの影響《えいきょう》で「恋って素晴らしい！」と多くの人が信《しん》じ込《こ》まされているだけなんだと言う人もいる。自分の中に欠《か》けているものを相手《あいて》の中に見つけたときに恋をするのだと言う人もいる。……いろんな意見《いけん》があるけど、どの説明《せつめい》を聞いても完全《かんぜん》に納得《なっとく》できない感《かん》じがするのはなぜだろう？

　もっと重要《じゅうよう》な問題《もんだい》。仮《かり》にあなたが、この問《と》いに対《たい》して十分な説得力《せっとくりょく》のある説明に出会ったとする。でもそれは、あなたが元々《もともと》知りたかった答えなのかな？　昨日《きのう》までなんとも思っていなかったあの人のことを、あるときあなたは急《きゅう》に「好《す》き」になっちゃった。こんなふうに「恋に落《お》ちる」わけをたぶん知りたいんだよね。このときにあなたが求《もと》めている答えと、さっき言ったような説明って、何かがズレているような気がしないかな。だとしたら、あなたが本当に知りたい疑問《ぎもん》は、あなたが作ったこの問いの形ではうまく表現《ひょうげん》できていないってことになるんじゃないかな。

恋には段階《だんかい》がある

「恋をする」を二つの時期《じき》に分けて考えてみよう。恋が始まる時期と恋心を育《そだ》てる時期だ。

　恋の始まりは、ツチヤさんが言うように、思いがけずに「落ちてしまう」のだと僕《ぼく》も思う。そこには理由《りゆう》はなくて、カミナリがいきなり落ちるみたいに落ちる。自分でコントロールすることはできない。だから、たまたま恋に落《お》ちない人だって、きっといる。

恋の始まりを「恋」のすべてのように言う人もいるけど、僕はそうは思わない。むしろ、次《つぎ》の、恋心を育てる時期がとても大切だって思うんだ。

実《じつ》は恋心は自分の意思《いし》で育てることができる。恋に落ちたときの「恋」は小さなつぼみみたいなものだ。それを、一緒《いっしょ》にどこかに行って遊《あそ》んだり、笑《わら》い合ったり、相手《あいて》のことをふと考えたり、……そんなふうにして育てていくんだ。ときには、恋心があるからこそつらかったり苦《くる》しかったり、怒《おこ》ったり泣《な》いたりするかもしれない。それが、その恋を終《お》わらせる理由になるときもあるだろう。でも、恋心を育てようと思えるだけの理由がまだ残《のこ》っていれば、その恋は続《つづ》けていける。たとえばそれは、長い目で見れば楽しいことが多いとか、相手の人と一緒にいて幸《しあわ》せになりたいとかいう理由だ。恋に落ちるときとは違《ちが》って、こっちにはちゃんと理由がある。

つまり、恋に落ちるのには理由がないけど、恋心を育てる、恋を続けていくのには、ちゃんとした理由がある。

この問いへの答えは恋のどの段階かによって変《か》わってくるってことだね。

段階ではなく種《しゅ》類《るい》があるのかも

ムラセさんは、恋《こい》の始まりの段階は理由《りゆう》もなく勝手《かって》に始まってしまうけど、次《つぎ》の恋を育てる段階は、自分の意思で進《すす》めていくと言っている。でも、いつも必《かなら》ずそうかな。当てはまらない場合はないかな。

恋を始めるときにも、何か理由や目的《もくてき》があって、自分の意志で恋を始めようとする人がいると思う。たとえば、恋愛《れんあい》をしている友達《ともだち》がうらやましくて、自分もその気持《きも》ちを味《あじ》わってみたくて、恋をしようとする人。幸《しあわ》せな結婚《けっこん》をするために恋愛相手《あいて》を探《さが》す人。こういう努力は、恋を「育てる」努力と同じように、案外《あんがい》うまくいくこともあるよ。それに、私たちのひいおじいさん、ひいおばあさんの若《わか》い頃《ころ》には、親《おや》が結婚《けっこん》相手を決めていて、本人同士《どうし》は結婚式《しき》の日にはじめて出会うということもあった。でも、その頃にも、とても仲の良い夫婦《ふうふ》はたくさんいたんだ。そういう人たちは、せっかく夫婦として出会ったから、相手を好きになろうとしたのだと思う。

逆《ぎゃく》に、でも、思いがけず恋が始まった後に、自分の意思とは関係なく、その恋心が勝手にどんどんふくらんでしまうこともある。時間が経っても、相手との付き合いが長くなっても、理由もなくふくらんでいく恋心に自分のほうが振《ふ》り回されてしまうかもしれない。そんなときは、恋を育てるというよりも、恋をしすぎない努力《どりょく》が必要かもね。恋にはいろんな状態《じょうたい》があってなかなか複雑《ふくざつ》だ。

「なぜ私は恋をしてしまったのだろう」とか「なぜ私は恋をしていないんだろう」と思ったときには、理由や原因を探るより、自分はその恋心をどうしたいのかなって、考えてみるのがいいかもしれない。

多《た》数《すう》決《けつ》で決《き》めてはいけないことは？

「本当の多《た》数《すう》決《けつ》」なら

多数決で決めてはいけないことなんてない！　……って言うと、ゴードさんやコーノさんからこう反論《はんろん》されちゃうかもしれないな。多数決では少ない方の意見《いけん》が必《かなら》ず切り捨《す》てられるから、多数派《は》と少数派で意見が対立《たいりつ》していることは簡単《かんたん》に多数決で決めてはいけないって。

でも、この考え方の中には、多数決に関《かん》する大きな誤解《ごかい》が含《ふく》まれていると思う。多数派が少ない方の意見を切り捨てるために多数決を使《つか》うのは、多数決の本来の使い方ではないんだ。多数決とは、人数の多い方が少ない方の意見をよく聞いて、少ない方も納得《なっとく》できるような新しい意見を作り、みんながそれに賛成《さんせい》できるようになってから使うものだ。

つまり、全員《ぜんいん》が多数派になれるように努力《どりょく》した後に使うのが、本来の多数決の使い方なんだ。多数決がこんなふうにちゃんと正しく使われるなら、どんなことを決めるときに使っても問題《もんだい》ないと僕《ぼく》は思うよ。

「本当の多数決」なんて、ない

たしかに、話し合って全員が納得《なっとく》できる意見が作れたら、一番良《よ》いとは思うよ。でも、そんなの無理《むり》じゃないかな。一人でも反対《はんたい》する人がいたら話し合い続《つづ》けるのだとしたら、時間がいくらあっても足りなくて、何も決められなくなっちゃうよ。

逆《ぎゃく》に、途中《とちゅう》で話し合いをやめるのだとしたら、いつやめるかはどうやって決めるの？

「もう十分話し合ったと思う人は手を挙《あ》げて」って多数決を取《と》るのだとしたら、きっと多数派《は》の人たちがみんな面倒《めんどう》くさがって手を挙げるはずだよ。そうしたら結局《けっきょく》、少数意見はちっとも聞いてもらえないじゃない。

それに、クラスで私《わたし》が話し合いたいことがあっても、「そんなのどうでもいいよ、面倒くさい」「話す必要《ひつよう》ないよ」って取り上げてもらえないこともある。つまり、そもそも何を話し合うべきかさえ、多数決で決まっちゃうんだ。

ツチヤさんの言う「正しい」話し合いや多数決なんて、現実《げんじつ》には存在《そんざい》しないと思う。実際《じっさい》にはたいていなんでも、「おかしな多数決」で決まってしまっているんだ。だから、どうすればそれより少しでもましな決め方ができるか、いつも注意《ちゅうい》深《ぶか》く考えていなくちゃね。

「自分のこと」は、だめ

多数決で決めていけないことは、もちろん、あるよ。それは自分に関することだよ。

たしかに、たくさんの人に関係することとか、社会全体《ぜんたい》のことについては、ツチヤさんのいうように、みんなで考えて議論《ぎろん》してから、多数決で決めたほうが良いと思う。

でも、私たちは、自分自身《じしん》がどこに行きたいとか、何が知りたいとか、どんな職業《しょくぎょう》につきたいとか、どこで暮《く》らしたいとか、誰を愛《あい》したいとか、どういう人になりたいとか、どんな人を仲間《なかま》にしたいとか、そういうことは自分で決めたいはずだ。

人にアドバイスをもらったり、相談《そうだん》したりはしても、自分のことは最後《さいご》は自分で決めたい。他人《たにん》に危害《きがい》や迷惑《めいわく》を与え《あたえ》ない限り、自分の思う通りに自由《じゆう》に生きたい。自分のことは多数決どころか、勝手に他人に口出ししてほしくない。

だから、自分の生き方に関《かか》わることが多数決で決められてしまったら、それを拒否《きょひ》できる権利《けんり》がとても大切だと思うんだ。自分はいまはこの社会の一員《いちいん》だけど、自分の生き方に口を出してきたら、この社会に抗議する、この社会を去《さ》る、この社会を出ていく、そういう自由の気持《きも》ちをもっていることが必要だ。それが人間の尊厳ってものだと思う。自分の自由の世界《せかい》を、他人に左右されてはならない。社会からも、友達からも、家族《かぞく》からも、誰《だれ》からもね。

寄《き》付《ふ》はしなければならない？

ものやお金を有《ゆう》効《こう》利《り》用《よう》

寄付とは、持《も》っている人が持っていない人に自分の持ちものやお金をあげることだ。時間と体力を使《つか》って何かをする場合もある。いずれにせよ、余《あま》ったものをあげる。

余ったものを、それを必要《ひつよう》としている人に届《とど》ける。これは当然《とうぜん》のことだ。状況《じょうきょう》によっては、その余りものがないと死《し》んでしまう人だっているんだ。何かがないことで誰《だれ》かが死んでしまう。これはたいてい不幸《ふこう》なことだし悪《わる》いことだ。そして、この悪《あく》を防《ふせ》ぐのは良《よ》いことだ。

しかも、余ったものを寄付することは、ものやお金をより有効に使うことでもある。同じおにぎりでも、満腹《まんぷく》の人と空腹《くうふく》の人ではまったく価値《かち》が違《ちが》う。どれだけお金持ちで大食いの人も、一日に百回の食事《しょくじ》をとることはできないし、きっと百回食べるご飯《はん》はおいしくはないだろう。だったら、他《ほか》の空腹の人にあげたほうがご飯を有効活用したことになる。つまり、余ったものを持ち続《つづ》けることは、それだけで無駄遣《むだづか》いになる可能性《かのうせい》もあるってことだ。

もちろん、実際《じっさい》に寄付をするときは、寄付をどう使うかとか、誰に寄付したらよいかは考えないといけない。自分が使ってほしいところに寄付が届《とど》くところや、どうやって寄付を使うのかを広く公表《こうひょう》している団体《だんたい》を選《えら》んだほうが良い。

でも、シンプルに考えれば、あっちでは必要としていて、こっちではそれが余っている。だったら、渡《わた》すことは良いことだし、むしろ当然のことだろう。

強制《きょうせい》されず自由《じゆう》な善意《ぜんい》で

ムラセさんの言っていることは、なるほどたしかにもっともだ。余ったものを必要としている人にあげるのは、たしかに「当然のこと」のように思える。しかし、そうすると「だから寄付はしなければならない」という結論《けつろん》になるのかな。このように考えるときに僕《ぼく》が引っかかるのは、寄付が「義務《ぎむ》」になってしまうってことだ。

もし寄付が義務だとすると、豊《ゆた》かなのに寄付をしない人は非難《ひなん》されるし、非難されるべきだ、ということになる。豊かな人は、自分で稼《かせ》いだお金であっても、それをすべて自分のために使《つか》ってはならないし、そんなやつがいたら処罰《しょばつ》すべきだということになるかもしれない。すると、本心では寄付をしたくないのに、他人《たにん》から非難されないようにするためにいやいや寄付をする人も出てくるだろう。しかし、そういう気持《きも》ちで行う寄付は、もはや寄付とは言えないんじゃないかな？　先生に言われていやいや行くボランティアが、もはやボランティアとは言えないのと同じように。

「義務」は「強制」と結《むす》びついているけど、寄付は「強制によらない自由な善意」に基《もと》づいているからこそ素晴らしいと僕は思う。だから僕は、寄付は義務ではないし、「寄付をしない自由」も尊重《そんちょう》されて良いと考える。僕にとって寄付とは、「しないことも許《ゆる》されるのに、それでもなおするからこそ、みんなから褒《ほ》められてしかるべき行為《こうい》」だ。

税《ぜい》金《きん》も寄付とつながる

ムラセさんは、寄付とは十分に持っている人が、持っていない人にあげることだと言うけど、寄付ってただ何かを与《あた》えるというだけじゃなくて、それがないと困《こま》ってしまう人に何かをあげることじゃないかな。そう考えるといろいろなものが寄付に思えてくる。

親が子どもに食べ物や住《す》む場《ば》所《しょ》を与えるのは、親の義務だよね。でも、これも寄付の一種《いっしゅ》じゃないのかな。家族《かぞく》で助《たす》け合うのは当然とされているけど、これも寄付じゃないのかな。だって、子どもに食べ物や家を与えないと、子どもは困ってしまうでしょう。

　日本では、医療費《いりょうひ》や教育費《きょういくひ》や、失業《しつぎょう》したときの生活費《せいかつひ》を税金から支払《しはら》っている。私《わたし》たちは税金によっていろいろな人にお金や助けを与えている。私もケガで入院《にゅういん》したときには、実際《じっさい》にかかった費用《ひよう》よりも安《やす》く支払うのですんだ。これは国が治療費《ちりょうひ》を補助《ほじょ》してくれたからだ。あなたが小学校に行くのもタダだけど、これも国や地方が授業料《じゅぎょうりょう》を代《か》わりに払《はら》ってくれたからじゃないかな。だから、私たちはいつも誰《だれ》かの助けになるように寄付しているし、私たち自身も寄付を受《う》けているとは言えないかな。

　何が寄付で、何が寄付でないかの違いははっきりしない。私たちは一方的《てき》にあげたり、一方的にもらったりして生活している。そうした社会のやり取《と》りの中で、まだお金や物や人手が足りないところに、それらを提供《ていきょう》するのが寄付だと思う。

　だから、税金を払うのが義務だとすれば、寄付もそれとはっきりした違いはないので、絶対じゃないかもしれないけど弱い義務じゃないかな。

なぜ成績《せいせき》をつけるの？

先生がサボらないため

本当に、なんで成績なんてつけるんだろう？　つけられるほうもいやだけどさ、「成績つけるのいやだなー」って思ってる先生も、結構《けっこう》いるんじゃないかな。なんでそんなこと言うかというと、実《じつ》は、私《わたし》もそんな先生の一人だから。週一回一科目だけの「ときどき先生」だけどね。

やっかいなのは、全員《ぜんいん》に合格《ごうかく》してほしいのに、簡単《かんたん》にみんなにいい成績をあげるわけにはいかないってことだ。そんなことしたら、校長先生に「真面目《まじめ》に仕事《しごと》しろ！」

って叱《しか》られちゃう。みんなが何が得意《とくい》で何が苦手《にがて》か気付けないし、頑張《がんば》ればもっとできる子がいるかもしれないのに、その能力《のうりょく》を眠《ねむ》らせたままにしちゃうからね。苦手な子も得意な子も本当の力を知ることができるように、ひとりひとりをしっかり見て、公《こう》平《へい》に正確《せいかく》につけなきゃいけない。

そう考えると成績っていうのは、生徒《せいと》の能力を測《はか》るためだけじゃなく、先生をサボらせないためにも必要《ひつよう》なものなのかもしれない。

勉強《べんきょう》により前向《まえむ》きに取《と》り組めるようにするため

成績って本当に、マツカワさんが言うように「公平に正確に」つけなくちゃいけないんだろうか？　僕《ぼく》は、成績っていうのは、あくまでも勉強をより先へと進《すす》めていくための道具《どうぐ》にすぎないと思っている。成績があるから「いい成績を取るために（悪《わる》い成績を取らないように）勉強しよう！」ってなるし、努力《どりょく》した結果《けっか》が評価《ひょうか》されるから、勉強に自信《じしん》がついて「もっと頑張ろう！」という気持《きも》ちが高まるんだ。そうやって、勉強により前向きに取り組めるようにすることが、僕が考える成績をつけることの一番の目的《もくてき》だ。

　でもだったら、成績はむしろ不公平につけたほうがいいという考え方も成《な》り立つはずだ。だって、褒《ほ》められると伸《の》びる人には甘《あま》めの成績をつけて、すぐ調子《ちょうし》に乗《の》る人には辛《から》めの成績をつけたほうが、その人の勉強へのやる気を引き出すことができるもの。

　ところで、僕もマツカワさんと同じく、学校の先生だ。そして、学校の先生がこういうことを言うと、周《まわ》りの先生だけでなく、生徒《せいと》たちからもときどきすっごく怒《おこ》られることがある。ここまでの僕の考え、どこかおかしいところがあるのかな？

お金や人気に左右されない物差《ものさ》し

　たしかにツチヤさんの言うように、成績にはもっと頑張れるよう励《はげ》ます意味《いみ》があって、その場合は、人によって基準《きじゅん》が違《ちが》っている方がいい。でも、成績の役割《やくわり》はそれだけじゃない。

郵 便 は が き

料金受取人払郵便

麹町局承認

4127

差出有効期間
平成31年9月
30日まで

切手はいりません

102-8790

209

(受取人)
東京都千代田区
九段南 1-6-17

毎日新聞出版

営業本部　営業部行

ふりがな	
お名前	
郵便番号	
ご住所	
電話番号	(　　　　)
メールアドレス	

ご購入いただきありがとうございます。

必要事項をご記入のうえ、ご投函ください。皆様からお預かりした個人情報は、小社の今後の出版活動の参考にさせていただきます。それ以外の目的で利用することはありません。

毎日新聞出版　愛読者カード

本書の
タイトル「　　　　　　　　　　　　　　」

●この本を何でお知りになりましたか。

1. 書店店頭で　　　　2. ネット書店で

3. 広告を見て（新聞／雑誌名　　　　　　　　）

4. 書評を見て（新聞／雑誌名　　　　　　　　）

5. 人にすすめられて　　6. テレビ／ラジオで（　　　　）

7. その他（　　　　　　　　）

●どこでご購入されましたか。

●ご感想・ご意見など。

上記のご感想・ご意見を宣伝に使わせてくださいますか？

1. 可　　　2. 不可　　　3. 匿名なら可

職業	性別	年齢	ご協力、ありがとう
	男　女	歳	ございました

世《よ》の中には、どうしても人を比《くら》べて選《えら》ばなければならないことがある。たとえば、運《うん》動会《どうかい》のリレーの選手《せんしゅ》を選ぶとき、もしも体育《たいいく》の成績がなかったらどうなるだろう。先生に気に入られている子や、ケンカの強い子が、足が遅《おそ》くても選ばれちゃう。もしも学校の成績がなかったら、高校や大学の先生は、入学させる子をどうやって選ぶかな。学校にたくさん寄付《きふ》するお金持《かねも》ちの子や、校長先生の友達《ともだち》の子どもを、勉強ができなくても入学させると思う。

つまり、成績は、お金や人気や力の強さと関係《かんけい》なく、誰《だれ》でも平等《びょうどう》にチャンスを得《え》られるようにするためのしくみでもあるんだ。だから、こういう成績は、マツカワさんの言うように、公平で正確につけないといけない。

成績をつける理由《りゆう》はいろいろあって、それに応《おう》じて成績のつけ方も変《か》えるべきなのに、私たちは、成績には一種類《いっしゅるい》しかないと誤解《ごかい》してしまっているのかもしれないね。あなたは、どんな場合にどんな方法《ほうほう》で成績をつけるのがいいと思う？

なぜ人は働《はたら》くの？

みんな働きすぎでは？

なぜ働くのかの理由《りゆう》は二つある。一つはお金を稼《かせ》いで生活するためだね。もう一つは仕事《しごと》が楽しいから。最初《さいしょ》の理由はわかるよね。仕事をするとお金が稼げる。稼《か》いだお金で食べ物《もの》を買って、家を借《か》りて、電気《でんき》代《だい》、ガス代、水道《すいどう》代を払《はら》って、旅行《りょこう》やゲームや映画《えいが》のために使《つか》うんだ。お金がないと現代《げんだい》社会では生きていけない。だから、多くの人は、生きるために働いている。

でも、仕事そのものが楽しいという人もいる。プロ野球《やきゅう》選手《せんしゅ》なんて、野球が好《す》きで野球をやってお金までもらえるんだから最高《さいこう》だよね。もし仕事そのものがあんまり面《おも》白《しろ》くなくて、かなりつらくても、人の役《やく》に立つ仕事をすると、人から感謝《かんしゃ》されたり、喜《よろこ》んでもらえたりする。それがうれしいから仕事をしているという人もいる。

でも、君《きみ》が聞きたいのは、そういうことかな。なんで、大人たちは、あんな忙《いそが》しい忙しいって働いているのかな。そんなに働いてばかりいる必要《ひつよう》はないんじゃないか。君はそう疑《うたが》っているのじゃないかな。実《じつ》は、生きるのに必要なものを手に入れるためには、みんないまほどは忙しく働かなくてよいと思うんだ。そんなに必要でないものを手に入れるのに、みんなすごく大変《たいへん》な思いをして仕事をしている。それってわざわざ自分を苦《くる》しめていて、変《へん》だよね。

社会の中で役《やく》割《わり》をもつ

コーノさんは、お金と楽しみが働く理由だ、と言っているね。じゃあ、僕《ぼく》は、別《べつ》の理由を考えてみよう。

突然《とつぜん》だけど、君《きみ》はなんて自己紹介《じこしょうかい》するかな？「〇〇小学校□年〇組の××です」とかかな。でも、卒業《そつぎょう》した後は、どうしよう？中学校や高校、大学に行く人もいるかもしれないけど、やっぱりいつかは卒業する。そうしたら、なんて自己紹介したらいいんだろう。もし働いていれば、「〇〇の××です」って言うことができる。「〇〇社の××です」とか「医者《いしゃ》の××です」とかだ。

「〇〇の」がないと、自己紹介って難《むずか》しいね。だって、名前だけでは、自分がどんな人で何者《なにもの》かがわからないからだ。「〇〇の」と言えるのは、働いている場所《ばしょ》があるからだ。そして、働くというのは、自分だけの問題《もんだい》ではなく、誰《だれ》かと関《かか》わり合っているということでもある。社会の中で何かの役割を引き受《う》ける。だから、「〇〇の」と言えると、どんな人かわかるし、なんだか認《みと》められた気がする。つまり、働く理由の中には、誰かと関わり合って社会の中で役割を引き受けながら生きていくため、というものもあるんだ。

逆《ぎゃく》に、多くの人にとって、「〇〇の」と言えなくなると、なんだか社会から認められていない気がして、不安になってしまう。大人は妙《みょう》に一生懸命《いっしょうけんめい》に働いているけど、それは、そうしないと、「〇〇の」がなくなって、自分が誰でもないみたいに思えて不安だからだ。そうして、みんな働きすぎてしまうんだね。

アマチュアとプロ

二人の話を聞いていると、どうやら人が働く理由はお金だけじゃないみたいだ。楽しかったり、人から感謝されたり、社会の中での役割を引き受けて社会に認めてもらったりすることも、たしかに「働く」ことの重要《じゅうよう》な要素だ。でもそれが一方で「お金」や「生活」ともやっぱり深《ふか》く結《むす》びついているというのは、よくよく考えてみるとちょっと不思議《ふしぎ》な感《かん》じもする。

たとえば、楽しんだり、人から感謝されたり、社会の中で自分の役割を果《は》たしたりしたいのなら、ボランティアや趣味《しゅみ》でもいい。別《べつ》にそれをお金と結びつける必要はない。でも、いかに何かを極《きわ》めていたり活躍《かつやく》したりしている人でも、それでお金を稼いでいない人は「アマチュア」と呼《よ》ばれ、「プロ」とは区別《くべつ》されてしまう。そして「プロ」は、それでお金をもらって生活していることによって、一段《いちだん》上に見られたり、尊《そん》敬《けい》されたり、特別《とくべつ》な責任《せきにん》を求《もと》められたりするんだ。こう考えると「働く」って、実はちょっと独特《どくとく》で奇《き》妙《みょう》なことなんだね。

最後《さいご》にもう一つ。みんなのお父さんやお母さんは、みんなのためにご飯《はん》を作ったり、掃除をしたり、洗濯《せんたく》したりしていると思うけど、それでお金をもらっているわけではないよね。これは「働いて」いるのかな？

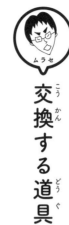

なぜお金はあるの？

交換《こうかん》する道具《どうぐ》

お金って不思議だ。よくよくながめてみれば、ただの紙や金属《きんぞく》なのに、お店では食べ物《もの》やおもちゃと取《と》り替《か》えてくれる。ただの紙、しかも、だいぶ汚《よご》れている紙を、アイスやジュースと交換してくれるんだ！　なんて素晴《すば》らしいんだろう。もちろん、ただの紙もメモ帳《ちょう》やティッシュに使《つか》うことができる。コインならネジ回しの代わりにできるでも、お札《さつ》やコインをそれ自体で何かに使《つか》うことはめったにない。

紙や金属としては使わないけど、お金は便利《べんり》なものだ。だって、いつでも欲《ほ》しいものと交換《こうかん》できるし、もち運《はこ》びにも便利だ。腐《くさ》ったりもしない。お金自体がなくて、物々《ぶつぶつ》交換だけなら、家を交換したりするのはとても難《むずか》しい。だって、家と交換できるくらいのパンを欲しがる人はいないし、そんなにパンをもっていても腐っちゃうからだ。

お札やコインは、それ自体が何かをするわけではなくて、便利に交換するためにある。交換専用《せんよう》の道具《どうぐ》ってことだ。交換するためだけにある道具なんて！　お金って、とっても変《へん》なものなんだね！

いつのまにかお金に支配《しはい》……

ムラセさんが言うように、お金は交換専用の道具だ。しかも、交換できるのは、パンや家みたいな目に見えるモノだけではない。たとえば、僕《ぼく》は勤務《きんむ》先の学校に行くのに毎日電車を使っている。電車《でんしゃ》に乗《の》るたびに電車賃《ちん》を払《はら》っているけど、もちろんそれは電車というモノと交換しているわけではない。では何と交換しているのかといえば、それはたぶん「電車を一定区間《いっていくかん》利用《りよう》する権利《けんり》」だ。もしあなたが塾《じゅく》に通っているなら、あなたはお金と交換に「特別《とくべつ》な授業《じゅぎょう》を受《う》けて勉強《べんきょう》する権利」を手に入れているんだ。物々交換とは違《ちが》って、お金は目に見えない「権利」と交換することもできるんだね。

そして、お金はしばしば「人間の自由《じゆう》を奪《うば》う権利」とも交換される。こう言うと大げさだけど、大人たちの中には、お金をもらうことと交換に、毎日行きたくもない会社に行って、したくもない仕事《しごと》をしている人も多いよね。それって、お金と交換に、自分の自由を差《さ》し出しているようなもんだ。こうして、人間はいつのまにか、お金によって支配されるようになるんだ！　お金はこの意味《いみ》ではとっても怖《こわ》いものでもあるね。

お金がいらない生活は……

あなたはお金を使わずに生活したことがあるかな。ふつうに日本で暮《く》らしていると、どうしてもお金を使っちゃう。でも、山でキャンプしているとお金は使わない。街《まち》や村から離《はな》れて、自給《じきゅう》自足《じそく》の生活をしている人もいる。魚や動物《どうぶつ》を獲《と》って、小さな農園《のうえん》を作って、薪《たきぎ》で部屋《へや》を暖《あたた》めたり、自分の太陽光発電機《たいようこうはつでんき》で電気を作っている。服《ふく》も自分で作っちゃう。そういう生活はお金がいらない。

あなたも少しのあいだでもいいから、そういう自給自足の生活をやってみたらどうかな。楽しいこともたくさんあるけど、大変《たいへん》なことも多い。なかなか食べ物が手に入らなかったり、必要なものが作れなかったりして苦《くる》しい。特に病気《びょうき》やケガをしたら大変だ。薬《くすり》もないし、お医者《いしゃ》さんもいない、下手をすると死《し》んじゃうかも。だから、専門《せんもん》の人が作ったものやサービス、たとえば、食品《しょくひん》や家とか、治療《ちりょう》とかを、お金で買った方が、質《しつ》の良《よ》いものが簡単《かんたん》に手に入る。実際《じっさい》に私《わたし》もいつもお金を使って生活している。

でもそうすると、本当に「生きている」という実感《じっかん》が減《へ》ってしまうように思うんだ。水道の蛇口《じゃぐち》をひねれば水が出て、お店にはペットボトルの水がならんでいる。でも、新鮮《しんせん》な川の水を探《さが》して、飲《の》んだほうが、体に染《し》み込《こ》むようにうまい。いまの日本はなんでも便利《べんり》すぎるかも。だから、これからは、ちょっと不便《ふべん》でもお金をなるべく使わない生活を好《この》む人が増《ふ》えてきそうな予感《よかん》がする。

どうして犯罪《はんざい》をしてしまうの？

心から納得《なっとく》していないから

ただの「悪《わる》いこと」と「犯罪《はんざい》」は違《ちが》う。犯罪というのは、法律《ほうりつ》で禁止《きんし》されている悪いことで、してしまったら罰《ばつ》を受《う》けなければならない。罰を受けるとわかっているのに、なぜそんなことをするのだろう。

たぶん、犯罪をする人は、「どんな理由《りゆう》があっても、絶対《ぜったい》にやってはいけない」と納得していないのだと思う。たとえば、私《わたし》たちは、「泥棒《どろぼう》はいけないことだ」とふだんなんとなく感《かん》じている。でも、どんな理由があっても絶対に盗《ぬす》んではならないのだと心から納得していなければ、おなかがペコペコで倒《たお》れそうだとか、怖《こわ》い人に命令《めいれい》されたとか、何か理由ができたときには、つい泥棒してしまうのではないかな。

私たちはニュースを見ながら、「どうしてあんな犯罪をするのかな」なんてつぶやくことがあるけれど、どんな理由があっても絶対にダメだと心の底《そこ》から納得している人は、本当はとても少ないと思う。多くの人が犯罪をしないのは、きっと、単《たん》に「法律で決《き》まっているから」とか「罰を受けたくないから」というだけだ。ということは、なんとなく法律に従《したが》っているあなたも私も、理由ができたら、罪《つみ》を犯《おか》すのかもしれないよ。

損《そん》得《とく》を計算すると…

たしかにゴードさんの言うように、僕《ぼく》たちがそんなに簡単《かんたん》に犯罪をしない理由は、罰があるからだろう。たとえば、単《たん》に気に食わない人がいるからといって、それだけの理由でその人を殴《なぐ》ったら、そのことによって長いあいだ刑務所《けいむしょ》に入ることになる。殴ることで一瞬《いっしゅん》はスッキリした気持《きも》ちを味《あじ》わえるかもしれないけど、その一瞬のために刑務所に入るというのは、あまりにも割《わり》に合わない。そこで多くの人は、頭の中で行《こう》為《い》とその結果《けっか》の損得を計算して、殴るのをやめる（犯罪をしない）という選択《せんたく》をするんだ。

でもだとしたら、損得計算をした結果、罰せられる「損」よりも犯罪をする「得」の方が上回ると判断《はんだん》した場合には、犯罪をやめる理由はなくなるということになる。たとえば、ある人にだまされて人生をメチャクチャにされたならば、刑務所に入る「損」を覚悟《かくご》した上で、その人を殴り倒すという「得」を選《えら》ぶこともあるかもしれない。したがって、僕たちが純粋《じゅんすい》に損得計算に従《したが》って生きているならば、犯罪をする理由は犯罪の「得」が罰の「損」を上回っているからだ、というふうに説明《せつめい》することもできるわけだ。

でも、僕たちは実際には、純粋に損得計算だけに従って生きているわけではない。だから、すべての犯罪がそういう計算の結果として生じているのかといえば、そうではない気もするんだよね。

法律が悪い場合も

あなたも、ゴードさんもツチヤさんも、犯罪者は悪い人だと思っているんじゃないかな。それはぜんぜん違う。このことはよく理解《りかい》しておいたほうがいい。善《よ》い人だからこそ、犯罪者になってしまうこともあるんだ。

犯罪とは、その国の法律を犯すことだ。でも、世界《せかい》の中にはいろいろな国があって、なかにはとてもひどい法律を作っている悪い政府《せいふ》がある。少数の人が自分たちに都合《つごう》のいい政府を作っていて、それに反対《はんたい》したり、抗議《こうぎ》したりする人はみんな犯罪者として捕《つか》まえたり、死刑《しけい》にしてしまうことがある。むかしの日本でも、いまから見ると素《す》晴《ば》らしいことをした人が投獄《とうごく》されたこともたくさんあった。それにそんなにむかしじゃなくても、日本にもひどい法律があった。そんなに危険《きけん》じゃない病気《びょうき》の人を閉《と》じ込《こ》めておいたり、自分たちと生活習慣《しゅうかん》の違う人たちの生活を無理《むり》に変《か》えようとしたりしていた。それに従《したが》わない人は犯罪者だとされたんだ。

現代《げんだい》でも、私たちから見れば善いことをした人が犯罪者として捕まりそうになって、たくさん外国に逃《に》げている国もある。外国の私の友人でも「犯罪者」とされてしまっている人は何人もいる。でも、その友達はむしろ、みんな人々の幸福《こうふく》を願《ねが》う立派《りっぱ》な人たちで、私は尊敬《そんけい》している。そういう人たちが「どうして犯罪をするのか」というと、その人たちは正しいことをしていて、悪い法律を作る悪い政府があるからだよ。

私《わたし》は誰《だれ》のもの？

私の手、私の日曜日、私の私？

私は私のものじゃないかなあ。だって、「私の手」とか「私の髪《かみ》」とか言うじゃない。それに、私の鉛筆《えんぴつ》を他《ほか》の人が勝手《かって》に使《つか》ってたらおかしいのと同じように、他の人が勝手に私の手を使ったり、私の髪をいじったりしたらおかしいよ。体だけじゃない。時間だってそう。休日の予定《よてい》を勝手に他の人に決《き》められたりしたら、腹《はら》が立っちゃう。私のなんだから、勝手に決めないで！　って。

つまり、私が私のものっていうのは、私は私のことを自由《じゆう》に使ったり決めたりできるけど、他の人は勝手に使ったり決めたりしちゃいけないってことだ。

けど、おかしいな。私の手や髪も、私の日曜日も、私のほんの一部《ぶ》でしかない。「私の手」とは言えるけど、「私の私」なんて言わないよね。うーん、私は全部《ぜんぶ》まるごと私のものだって言いたいのに、私のものって言えるような私があるのかどうか、自信《じしん》がなくなってきちゃった。

持《も》ち物《もの》なのかな

「私は私のことを自由に使ったり決めたりできる」ってマツカワさんは言うけど、それって本当かな？　たとえば、子どもが「整形手術《せいけいしゅじゅつ》したい」「耳にピアスを開《あ》けたい」と言ってきたときに、「あなたの体はあなただけのものじゃない！」って言って反対《はんたい》する親は結構《けっこう》いる。そんなの本人の勝手《かって》じゃん！　って意見《いけん》ももちろんアリだけど、自分の体のことでも自分勝手に何でも自由に決めていいわけじゃないって考え方にも一理ある。私の体も私の命《いのち》も、最初《さいしょ》から私の持ち物だったわけじゃなくて、元々《もともと》は私が両《りょう》親《しん》から授《さず》かったものだから（さらにさかのぼれば、地球《ちきゅう》全体《ぜんたい》から授かったものだとか、神様《かみさま》から授かったものだとかって言うこともできるかもしれない）。そう考えると、「私」は私だけの持ち物とは言いづらくなるから、「私は私のことを私だけで自由に決めてはいけない（たとえば、私は私の体や命を私だけの都合《つごう》で勝手に粗末《そまつ》に扱《あつか》ってはいけない）」って言えそうな気もする。

でも、そもそも「私」って、私や私以外《いがい》の人の「持ち物」なんだろうか？「私は誰のもの？」という問《と》いの中には、私が（私を含《ふく》めた）誰かの「所有物《しょゆうぶつ》」であるという考え方が含まれていて、この考え方が混乱《こんらん》の根《ね》っこにあるような気もする。

家《か》族《ぞく》や友《とも》達《だち》みたい

「私《わたし》」が私の持《も》ち物《もの》だというと、たしかに変《へん》な感《かん》じがする。他の人は違《ちが》う感じ方をしているかもしれないけれど、私は自《じ》分《ぶん》自《じ》身《しん》のことを、家族や友達みたいに感じるよ。

たとえば、おなかいっぱいだけどまだおいしそうなものが残《のこ》っているとき、「もうちょっと食べても大丈夫《だいじょうぶ》かな?」って自分と相談《そうだん》する。宿題《しゅくだい》が面倒《めんどう》だなあと思ったときも、「明日の自分が余計《よけい》に大変《たいへん》になっちゃう」とか、「昨日《きのう》までの自分は毎日提出《ていしゅつ》してきたのに、ここでやめちゃうの?」と思って、現在《げんざい》の自分が未来《みらい》や過去《かこ》の自分に責任《せきにん》を感じて、頑張ったりもする。どうしていいかわからなくなったとき、「あなたはどうしたいの?」と自分に問いかけると、思いもよらなかった返事《へんじ》が心の中から返《かえ》ってくることもある。

つまり「私自身」は、私だけど、どこか私とは別《べつ》の人のような感じもする。私と私は人間同士《どうし》の関係《かんけい》だから、持ち物というより、一番の味方《みかた》のような関係でいたいな。

なぜ一人で生きていけないの？

生きられるけれど……

「人は一人では生きていけない」とよく言うけれど、そもそも、それは本当かな。ロビンソン・クルーソーみたいに一人で無人島《むじんとう》に流《なが》れ着《つ》いたら、どうしようか。自分で食べられる物《もの》を探《さが》して、火をおこし、雨風をしのげるところを探さないといけない。病《びょう》気《き》になってもお医者《いしゃ》さんはいないし、獣《けもの》におそわれても誰も守《まも》ってくれない。仲間《なかま》がいれば助《たす》け合えるけれど、一人だと、ただ生き延《の》びるだけでも、ものすごく大変《たいへん》だ。でも、絶対《ぜったい》に生きていけないということはなくて、運《うん》が良《よ》ければ結構長く生きられると思うよ。

ただ、この場合は、頑張って生きていればそのうち船が通りかかって救助《きゅうじょ》してもらえるという希望《きぼう》がある。では、「いつか誰《だれ》かに会えるかも」という希望さえなかったら、どうだろう。たとえば、他の人類《じんるい》が全員死《ぜんいんし》んでしまって、自分だけがこの地球《ちきゅう》上に生き残《のこ》ったとしたら？　私《わたし》なら、誰とも話さないで生活しているうちに、だんだん「本当は自分も死んでいるんじゃないか、幽霊《ゆうれい》になってさまよっているだけなんじゃないか」なんて思ってしまいそう。なんとかして生きようとする強い気持《きも》ちを失《うしな》って、すぐに弱って、死んでしまうかもしれない。

人間を恋《こい》しがりすぎ

たしかに、ゴードさんの言うように、人間は「ひと」の「あいだ」と書くくらいで、他の人と一緒《いっしょ》に生きてこそ、人間なのだと思う。だから、たった一人だと、町がないどころか、本もテレビも、話し相手《あいて》もいないので、言葉《ことば》も使《つか》わなくなる。それに自分が死ねば人類は全滅《ぜんめつ》だ。さみしくて、恐《おそ》ろしいことだね。

でも、一方でこうも思うんだ。私たちはふだん、人間と一緒に暮《く》らす時間が長すぎていて、感じ方や考え方がすべて人間のほうにかたよってしまっているのではないかと。みんな、人は人がいないと生きていけないとか、仲間《なかま》をたくさん作ろうとか、友達友達って言いすぎじゃないかな。なにか、人間といつも仲良《なかよ》く一緒にいることが、絶対やらなきゃいけない義務《ぎむ》のように思えてくるけど、本当にそうなのかな。

私は、長い時間一人でいるのが好《す》きだ。家族も友達もいるけど、それ以上にもっと一人でいたい。特に自然《しぜん》の中で、一人きりでいるのが好きだ。自然の中でしばらく暮らすと、他の動物《どうぶつ》や植物《しょくぶつ》のことがだんだんわかるようになるし、雨や風、川、海、太陽《たいよう》、星、土、岩に敏感《びんかん》になる。人間を恋しがってばかりいる人って、自然への感性《かんせい》が鈍《にぶ》いことがある。そうすると、人間がどういう生き物なのか、人間が自然の中でどういう位置《いち》にいるのかがわからなくなる。

だから、いつもいつも人間とばかり一緒にいて、人間のことばかり気にしてちゃダメだと思う。多くの時間を一人で生きて、たまに人に会うくらいでちょうどいいんじゃないかな、と私は思う。

「一人」ってどんなとき？

二人とも、余裕《よゆう》だなあ。私は、いま、一人で出かけたくない。だって、うちのすぐ近所《きんじょ》にイノシシが出るんだもん。人がたくさんいる街中《まちなか》だったら、まだいいよ。自分がイノシシに遭遇《そうぐう》する前に他の人が気づいて、危険《きけん》を回避《かいひ》できる可能性《かのうせい》が高いからね。でも、他に誰もいなかったら？　運良《うんよ》く、おとなしいイノシシだったらいいけどさ、もしこっちに突進《とっしん》してきたら人間の足じゃ逃《に》げきれないし、ぶっ飛《と》ばされても助《たす》けも呼《よ》んでもらえない。自分で自分を守《まも》りきれる自信《じしん》もないし、だからといって、運《うん》なんて不確《ふたし》かなものに頼《たよ》るなんてイヤだよ。

けど、どんなに周《まわ》りにたくさん人がいても、誰も助けてくれないと感《かん》じるなら、それは一人でいるのと同じかもしれない。反対《はんたい》に、人がいなくても、毎日会う鳥や夜空の星を見て「大丈夫《だいじょうぶ》」と安心《あんしん》できるなら、そのとき私たちは、本当の意味《いみ》では一人ではないんじゃないかな。

そもそも「考える」ってなんだ？

答えを探《さぐ》ること

これは、難問《なんもん》だ。僕《ぼく》もいつも、このことを考えているよ。まだ考え中だけど、頑張《がんば》って答えてみるね。

「考える」ことの特徴《とくちょう》の一つは、質問《しつもん》とセットになっているところだ。たとえば、「何がキッカケでこの質問を思いついたんだろう？」と考える。「明日のお昼《ひる》ご飯《はん》には何を食べようか？」と考える。両方《りょうほう》とも、質問や問《と》いが始《はじ》まりになって考えている。このとき、僕たちは、答えを探《さが》そうとして考えている。さっき、お昼ご飯のことを考えているって書いたけど、それは一番食べたいご飯という「答え」を探しているってことだ。もう食べたいものが決《き》まっている、つまり、答えが出ているなら考えたりはしない。それを食べに行くだけだ。まだはっきりした答えが出せないからこそ、考えなきゃいけないし、考えることができるんだ。学校のテストみたいに、もう答えがわかっている質問だと、「考える」ことは起《お》こりにくい。だって、答えを探る必要《ひつよう》がないからだ。

「答えを探ること」が「考える」ことだとすると、たとえば、どこかへ行って誰《だれ》かの話を聞くことや、本を読むこと、紙に書いて計算することだって、「考える」ってことになる。だって、両方とも「答えを探ること」だからだ。これって、ちょっと変《へん》かな？

自《し》然《ぜん》にできているのに

この問《と》いは、実際《じっさい》に会って一緒《いっしょ》に「哲学《てつがく》カフェ」をした人が出してくれた問いなんだ。そのときは「どうして生きているの？」という問いについて考えたのだけれど、この問いを出した人も、カフェのあいだ中ずっと「考えていた」はずだと思う。あの日はみんなで、ふだんの生活ではありえないくらい、深《ふか》くたくさん考えたんだ。それなのに、その後あらためて「そもそも、考えるってどうすることなんだっけ？」と考えてみたら、自分ができていたはずのことが、なんだかよくわからなくなっちゃったんだね。

　自然にできていることなのに、意識《いしき》するととても難《むずか》しくなっちゃうことって、いろいろある。たとえば、息《いき》をすることや歩くことは、ふだんはうまくできているのに、「どうやって息をするんだっけ」「もっと上手に歩きたいな」なんて考えると、どうしたらいいか、わからなくなっちゃう。考えることも、こういう種類《しゅるい》のことなのかもしれないいな。でも、どうして難しくなっちゃうんだろう。

進《すす》む先が見えないと……

私《わたし》たちは、どういうときに考えるかというと、行き先が見えなくなったときだと思うんだ。あなたは毎日学校に行くよね。ふつうは、いつもの道をいつも通りに通う。こうしたときには何も考えない。でも、いつもの道が工事《こうじ》中で通れないときには、「どう行けばいいかな」って、回り道を考える。

人と話しているときに考え込《こ》むときがあるけど、それは話がどう進むのか、それがどういうことになるのかが予想《よそう》できないから考えるのだと思うんだ。いつも通りのやり方がうまくいっているときには、だから、ぜんぜん考えない。おしゃべりしているときには、ただしゃべっているだけで、相手《あいて》もあんまり注意深《ちゅういぶか》く聞いていないから、話す方も聞く方も考えていない。

ムラセさんは「考えるとは答えを探ることだ」と言うけれど、私の答えもそれと似《に》ていて、考えるって、どこかに到着《とうちゃく》しようとしていろいろ試《こころ》みることだと思うんだ。私たち人間は、言葉《ことば》を使《つか》ってどうやったらいいかって考えるけど、言葉が使えなくても、実際《じっさい》に行動《こうどう》していろいろと試みることはできると思う。だから、言葉が使えない動物《どうぶつ》でも、行動で考えていると言えるんじゃないかな。

第3章

この世界《せかい》は
どうなっている？

無《む》知《ち》の知

知らないことを知ること

これはソクラテスの言葉《ことば》だね。「無知の知」とは、いろいろなことを本当は知らない（＝無知である）ことをわかっている（＝知っている）という意味《いみ》だ。いまもむかしも自分のことを物知《ものし》りだと思っている人は多い。だけど、ソクラテスは、あえて自分のことを、モノを知らない人間だと言ったんだ。

なぜか。それは、ソクラテスが、いろいろなことをもっと知りたい、理解《りかい》したいと思っていたからだ。自分を物知りだと思っている人は、もうちゃんとわかっているから、これ以上《いじょう》考えても仕方《しかた》がないって思ってしまう。でも、ソクラテスは知らないと自覚《じかく》しているからこそ、ふつうの大人が当たり前だと思ってしまうこと、たとえば、「正しいって何？」とか「そもそも知るって何？」みたいな、哲学《てつがく》の問《と》いについても考えることができた。だから、ソクラテスは「最初《さいしょ》の哲学者」なんて言われたりしている。

「無知の知」は、哲学をするとき、「そもそも」って考えるときには、どうしても必要《ひつよう》なものなのかもしれないね。

どんどん疑問《ぎもん》が……

私《わたし》たちは、知っていると思い込《こ》んでいることでも、よく考えてみるとぜんぜんわかっていないことがたくさんある。たとえば、私は犬を飼《か》っているけど、犬が、なんで、こういう行動《こうどう》をするのかがわからないし、なんとなく人間の言いたいことを理解しているようにも思えるけど、どうやって理解しているのかがわからない。いつも一緒《いっしょ》にいる犬だけど、よく考えてみると、実は謎《なぞ》だらけの生き物だ。

ふだん、何にも疑問に思わずに犬と一緒にいると、犬のことがわかっているように思えてくるけど、疑問をもちはじめると、次々《つぎつぎ》にわからないことばかりが思いつく。他《ほか》のものでもそうで、少し考えたり調《しら》べたりすると、わかったこと以上《いじょう》に分からないことが増《ふ》えていって、最初の状態《じょうたい》よりも自分はたくさん知らないと思えてくるんだ。だから、真剣《しんけん》に何かを知ろうとすればするほど、どんどんわからないことが増えていく。

ソクラテスが、自分はぜんぜん、モノを知らないと考えていたとするなら、それはソクラテスが誰よりも疑問や謎に気がつく人だったからだと思う。何かが少しわかっても、すぐそれ以上の疑問やなぞが、どんどん心に浮《う》かんでくる人だったと思うんだ。

それでも考え続《つづ》けると……

そんなにわからないことばかりが心に浮《う》かんでくるのは、なんだか苦《くる》しくないかな。

私はやっぱり、考えたら少しは「わかったぞ!」って思いたいな。難《むずか》しい問題《もんだい》について考えているときはすごく大変《たいへん》だし面倒《めんどう》くさいけれど、解《と》き方をひらめいて答えを出せたときには、なんだか感動《かんどう》するし、とってもうれしい。そのうれしい気持《きも》ちがあるから、また次《つぎ》の問題を解きたくなるんだ。あまりにも問題が難しくて「どうせ考えたってわからないや」と思うときは、考えたくなくなっちゃう。それに「これが解けたからって何もいいことはないし、別に解けても解けなくても同じだ」と思ったときも、面倒だから考えるのをやめちゃうな。

だからソクラテスは、ただ自分の無知《むち》に気づいていただけではないと思う。どんなにわからないことや難しいことがたくさんあっても、考え続けたらきっと謎《なぞ》を解くことができるし、解けたら絶対に良《よ》いことがあるって、強く信《しん》じ続けた人なのではないかな。

物《もの》には命《いのち》があるの？

生き物《もの》とただの物の区別《くべつ》

人間や動物《どうぶつ》や草花のような生き物には命があるけれど、机《つくえ》や筆箱《ふでばこ》やおもちゃのような物には命はあるのかと疑問《ぎもん》に思ったのかな。この問《と》いに答えるには、「物」とは何か、「命」とは何かを考えておかなきゃならない。人間も含《ふく》めて、動物とか植物《しょくぶつ》とかは命のある物だから、「生き物」とか「生物《せいぶつ》」とか呼《よ》ばれているよね。だから、生き物とただの物を区別するのはどうすればよいかな。

たとえば、犬には命があるよね。じゃ、犬のしっぽには命はあるかな？　犬の毛には？　もしあなたが、しっぽや毛には命はないと考えたとすると、どうしてかな。人形には命があるかな？　人形の髪《かみ》にはあるかな？　中身《なかみ》に詰《つ》まっている綿《わた》とか、針金《はりがね》とかは？　人形には命があるんじゃないかと思えても、その部品《ぶひん》には命があるように見えないね。どうやら、命があると思えるのは何かまとまりがあるものみたいだね。

　地球《ちきゅう》も大きな物だよ。地球に命があるとすると、私《わたし》たちもその一部《ぶ》なのかな。どの辺《へん》で私たちは、物に命があるとかないとか思うのだろう。こう考えると、何に命があって、何には命がないのかって、区別するのが難《むずか》しいね。

　私は死《し》なないものには命はないと思う。だから、壊《こわ》れることはあっても死ぬことがない筆箱には命はないと思う。

物を大切に思う気《き》持《も》ち

　コーノさんの言うように、命があるものとそうでないものをきちんと区別《くべつ》するのは、実《じつ》は難《むずか》しい。ただ、ふだん私たちは、机や筆箱やおもちゃのことを、動物や植物とは区別して、生き物ではない「物」だと考えている。

けれど、そういう「物」には命がないと思っていながら、まるで命があるかのように扱《あつか》うこともある。たとえば、大事《だいじ》な物に名前をつけたり、おもちゃを捨《す》てるときにお別《わか》れをしたり。音楽やスポーツをする人は、楽器《がっき》や道具《どうぐ》にも、「今日もよろしくね」「いつもありがとう」って声をかけているかもしれない。生き物ではない物に、そんなことをするのはなぜかな。

私は、まるで物にも命があるかのように扱うことによって、人は物を大切にして、物の力を最大限《さいだいげん》に引き出すようにしてきたのだと思う。相手《あいて》が命のない物だと思うと、つい、どんなに粗末《そまつ》に扱ってもいいような気がしてしまう。でも、この物が生きていて、何かを感《かん》じているのだと思うと、こんなふうにされたらいやかな、どんなふうに動《うご》きたいのかなって、物のあり方や特徴《とくちょう》を受《う》け止めて、想像《そうぞう》する気持ちが生まれてくる。つまり、物にも命があると考えるのは、物を大切にして十分に生かすために、人間が自《じ》分《ぶん》自身《じしん》にかけている、よく効《き》くおまじないなのではないかな。

物と人の命の違いは？

　コーノさんは、命があるものと思えるものにはまとまりがあるけど、どれに命があるかを区別《くべつ》するのは難《むずか》しいと言っている。ゴードさんは、物の中にはまるで命があるかのように扱われる物があって、それは物を大切にするためだって言っている。たしかに僕《ぼく》たちは、物に命があるかのように言うときがある。この前、パンツを捨てたのだけど、その時、僕は「このパンツはもう寿命《じゅみょう》だ」と思ったんだ。ゴムが伸《の》びきってしまっていたからね。僕だけじゃなく、道具には「寿命」がある、そんな言い方をよくする。物は寿命を過《す》ぎると、もう「使《つか》えない」。もちろん、こういう意味《いみ》での「寿命」と、人間の「寿命」や「命」とは何か違う。でも、正確《せいかく》にはどこが違うんだろう？

　物の寿命が尽《つ》きるのは、その物が役《やく》に立たなくなったときだ。人間の場合は違う。人の命については、役に立つとか立たないとかは関係《かんけい》がない。別《べつ》の言い方をすれば、人の命は、それだけで存在《そんざい》しているけど、物の命はそうではないということだ。

大切さはどうだろう。ある道具の寿命が尽きて役に立たなくなったら、その大切さもなくなってしまう。「価値《かち》」が失《うしな》われてしまう。でも、人の命は、役に立つかとは関係なく、それだけで大切だ。

仮《かり》に物に命があるとしても、物の命と、人の命はだいぶ違うもののようだ。他《ほか》にどんな違いがあるんだろう?

心ってなんだろう

「心」と言えば通じるのはなぜ？

「心」という言葉《ことば》は、何か物《もの》の名前のように使《つか》われているね。

たとえば、「心が痛《いた》む」「心に響《ひび》く」などというと、胃《い》や心臓《しんぞう》と同じように「心」という部分《ぶぶん》が体の中にあって、外で起《お》きた出来事《できごと》に、その部分が反応《はんのう》しているかのようだね。また、「心配《くば》り」や「心を込《こ》める」という表現《ひょうげん》から考えてみると、心を体の外に取《と》り出して、他の物や人のところに届《とど》けられると言っているようにも思える。

でも、本当は、心という物は存在《そんざい》しない。臓器《ぞうき》でもないし、体から取り出して見たり触《さわ》ったりすることもできないよね。

私《わたし》が不思議《ふしぎ》に感《かん》じるのは、誰《だれ》も「心」を見たことがないし、そんな物が存在しないこともわかっているのに、「心が痛い」や「心を込める」といった表現の意味《いみ》はちゃんと理解《りかい》できて、話が通じるということ。どうしてみんな、こんなわけのわからないものについて、たくさん考えたり話したりするのだろう。

物しかないのに、物では置《お》き換《か》えられない？

たしかに、「心」なんていう「物」は存在しない。病院《びょういん》でレントゲンやCT（コンピューター断層撮影《だんそうさつえい》）を撮《と》っても、そこに写《うつ》るのは脳《のう》や心臓といった「物（体の一部《いちぶ》）」だけだ。

だったら、いっそ「心」なんて言葉を使《つか》うのはやめて、全部「物」の表現《ひょうげん》で置き換えてみたらどうだろう。たとえば、僕《ぼく》の場合、つらいことがあって心が痛むときには、みぞおちのちょっと上のあたりがキュッと痛くなるから、これからは「心が痛い」とは言わずに、「みぞおちの上のあたりが痛い」って言ってみることにするとか……。

うーん、なんか変《へん》だ！　それだと「転《ころ》んで足が痛い」って言っているのと同じだもの。でも僕が言いたいのは、「体の一部が痛い」って話じゃなくて、「僕はいまつらい思いをしている」ってことなんだ！

あれ？　じゃあその「つらい思い」ってなんだ？　それが「心」なのかな？　だとすると「心」は、「物」と違って見ることも触ることもできないけど、それでもやっぱり存在しているってことになるのかな？

人に隠《かく》している自分

心って、目には見えないものだって言われるよね。でも、犬の場合はどうだろう。心がないかな。犬にも怒《おこ》ったり悲《かな》しんだり、寂《さび》しがったり感情《かんじょう》はあるし、頭も結構《けっこう》いい。だから、心は犬にもあるよね。でも犬は、人間と違って、振《ふ》る舞《ま》いに表《おもて》と裏《うら》がなくて、いつも本気で、いつも思いのままに行動《こうどう》するよね。うれしいとしっぽを振って大喜《よろこ》び。

怒るといつまでもワンワンとほえてる。怒られるとしょげて、しっぽも垂《た》れちゃって、「クーン」とかいっている。犬にも心はあると思うけど、外から丸見えで、心と行動にずれがないよね。人間みたいに、自分の感情を隠したり、ウソをついて本心とは別《べつ》のことを言ったりしない。

赤ちゃんもそうだよね。思いと振る舞いにずれがない。おなかが空けば泣《な》くし、怒っても泣く。自分の気持《きも》ちを隠したりしない。でも、ある程度《ていど》の年齢《ねんれい》になった人間の心と行動にはズレができてくる。というよりも、自分の心を他人《たにん》に隠したり、欺《あざむ》いたりする。

だから、他人が考えていることは、自分には本当はよくわからない。口で言っていることと違うことを考えているかもしれない。ウソを言っているかもしれない。友達《ともだち》の性格《せいかく》もよくわからない部分がある。いつも自分に見せている側面《そくめん》とは別の側面を友達は持《も》っている。あなたの見えないところで、友達はぜんぜん違った感じの人になっているかもしれない。

だから、「心」って呼《よ》ばれているものって、人に隠している自分の側面のことじゃないかなって思うんだ。人からも見えていて、わかりやすい行動、たとえば、プレゼントをもらって喜んだとかは、わざわざその人の「心」って呼ばないと思うんだ。

前世《ぜんせ》ってあるの？

生まれ変《か》わる前の「私《わたし》」は私？

「前世《ぜんせ》」とは、生まれ変わる前の人生のことだね（ただし、人ではなくネコだったかもしれないし、カエルだったかもしれないけれど）。だから、前世があるかどうかを考えるためには、まず、自分が生まれ変わったのかどうかを考えなければならない。あなたは、自分が何度《なんど》も生まれ変わっていると思う？　それとも、これが最初《さいしょ》で最後《さいご》の人生だと思う？

これを確《たし》かめるのはなかなか難《むずか》しい。なにしろ、仮《かり》に生まれ変わっているのだとしても、いまのこの自分が生まれる前のことはまったく覚《おぼ》えていないからね。それに、たとえば私が、千年前に生きていた清少納言《せいしょうなごん》の生まれ変わりだったとする。本当にそうだったらなんとなくうれしいような気もするけれど、でもやっぱり、「清少納言」と「ゴードさん」は、まったくの別人《べつじん》、赤の他人《たにん》だよね。血《ち》がつながっているわけでもないし、彼女《かのじょ》の文才を受《う》け継《つ》ぐことができるわけでもなく、もちろん平安時代《へいあんじだい》の記憶《きおく》なんてない。だとしたら、「前世の私」はちっとも「私」と関係《かんけい》ないじゃない。そんなの、それも「私」だなんて言えないよ。

　でも、何もかもすっかり忘《わす》れてしまっただけかもしれないから、絶対《ぜったい》に生まれ変わっていないとも言いづらい。はっきり確かめる方法《ほうほう》はあるのかな。

自分なのに自分でない……

実《じつ》は私も子どもの頃《ころ》、何か大昔《おおむかし》の人の生まれ変《か》わりじゃないかと思っていたんだ。よく考えてみると、ゴードさんが言うように、生まれ変わりっておかしな考え方で、矛《む》盾《じゅん》ばかりだ。昔《むかし》の人が話していた言葉《ことば》なんて話せないし、その時代《じだい》の人々《ひとびと》や景色《けしき》や仕《し》事《ごと》のことなんかも詳《くわ》しく話せるはずだけど、そんなことはできない。別《べつ》の体なら、別の感《かん》じがしたはずだけど、そういうこともない。だから、実際《じっさい》には、生まれ変わりなんてありえないと、そのころから思っていたんだけど、それでも、ただ何となく、自分は昔の誰《だれ》かの生まれ変わりなんじゃないかと感じていたんだ。

何でこんなふうに思っていたんだろう。たぶん、それは、自分が自分であって自分でないような感じがしていたからじゃないかな。私は、自分の親の子どもとして、日本のある場《ば》所《しょ》で生まれて育《そだ》って、どこそこの学校に通っているコーノさんだし、それ以《い》外《がい》の人間ではありえない。それはこどもの私でもわかっていたんだ。

だけれど、それでも、自分でないような他《ほか》の人が、自分の中に住《す》んでいるのではないかと感じていたんだ。それを前世の人と呼《よ》んでいたのだと思うんだ。変《へん》だよね。でも、いまでも、何か別の誰かが、この時代のこの場所に生まれた自分の体に住みついているだけじゃないのかな、とフッと感じたりするんだよね。そう、ふと感じたり、ちょっと思ったりするだけで、真剣《しんけん》にそう考えているわけじゃないけどね。

「前世」は便《べん》利《り》に使《つか》える責《せき》任《にん》逃《のが》れの言葉

二人とも、「生まれ変《か》わる」ということをよくよく考えてみると、つじつまの合わないことがたくさん見つかるって言っているね。僕《ぼく》も二人の話を聞いているうちに、「前世」ってやっぱりないのかなあという気がしてきたよ。でも、じゃあ、なんでこんなにたくさんの人が、前世の存在《そんざい》をなんとなく信《しん》じているんだろう。コーノさんは「自分が自分であって自分でないような感じ」がするからじゃないかって言っているけど、僕はもう少し意地悪に考えてみたい。人が「前世」を考えるのは、それによっていまの自分に言いわけしたり、責任逃れをしたりするためじゃないかな。

たとえばいま、いろんな理由で不幸《ふこう》な出来事《できごと》が重《かさ》なって、人生がとてもつらいとする。「こんなにつらいのも全部自分のせいだ」って考えると、ますますつらくなっちゃう。でも、「前世の自分が悪《わる》いことをたくさんしたせいで、いまこんなひどい目にあっているんだ」って考えると、少し気が楽になる。ゴードさんも言っているように、前世の自分はしょせんは「他人《たにん》」なのだから、自分の不幸は自分のせいじゃないって思えるし、他人である「前世の自分」に怒《いか》りをぶつけたり、責任を押《お》しつけたりもできる。そうやって心のバランスを取《と》るために、人間は「前世」というものを考え出したのかもしれない。

でもだとしたら、それって本当に問題《もんだい》の解決《かいけつ》になってるのかな？　なんだか、ちょっと前にはやったアニメで、何でもかんでも「妖怪《ようかい》のせい」にしていたのと似《に》ているね。

「自分」はどこからどこまで？

時と場合で変《か》わるのかな？

お手紙にはこうあった。

「私《わたし》はいつでも私で、外見は変わらないけれど、中身《なかみ》の心や考え方はいつも一緒ではありません。喜《よろこ》んでいる自分や楽しんでる自分と、怒《おこ》ってる自分と悲《かな》しんでいる自分はまったく違《ちが》います。家にいる自分と学校にいる自分もずいぶん違います（そうしようと思っていないのに）。これが私だと断言《だんげん》できるものは、外見以外《いがい》にありますか。いったいどこからどこまでが自分ですか？」

素晴《す》らしいね！　僕《ぼく》も、「自分」がどこからどこまでかが、わからなくなってきたよ。

でも、書いてくれている「外見は同じ」って本当だろうか？　小さい頃と比《くら》べると体の大きさはだいぶ違うし、顔の感《かん》じも（僕くらい年をとるとますます）違ってくる。自分の親の小さい頃の写真《しゃしん》を見ると、同じ人には思えないくらいだよ。体は少しずつしか変化《へんか》しないから外見はずっと同じに見えるけど、実《じつ》は、心や考え方みたいに変化していて、ずっと同じなわけじゃない。それに、体の動《うご》きも喜んでいる自分と悲しんでいる自分で違うんじゃないかな。顔の表情《ひょうじょう》はわかりやすいよね。喜んでいる顔の写真と悲しんでいる顔の写真では、同じ人だとわからないくらい違う。体全体《からだぜんたい》だって、緊《きん》張《ちょう》しているときはこわばっていて、なんだかぎこちない。反対《はんたい》に、楽しんでいるときはリラックスしてスムーズに動いている。

つまり、実は「これが私だと断言できるもの」って何にもなくて、心も体もいつでも変化していて、「自分がどこからどこまでか」も時と場合で変わると思うんだ。

誰《だれ》にでも変《へん》身《しん》できたら？

漫画《まんが》みたいだけど、こういう想定《そうてい》をしてみよう。もしあなたが誰にでも変身できる魔《ま》法《ほう》が使《つか》えたとしよう。そのときどきで好《す》きな人物《じんぶつ》になることができるし、他人《たにん》に成《な》りすますこともできる。結構《けっこう》、楽しそうだね。もし変身しても、元の自分に戻《もど》れるなら。

　でも変身したら、変身する以前《いぜん》の記憶《きおく》がまったくなくなってしまったらどうなるだろう。自分の親のことも兄弟姉妹のことも、親戚《しんせき》も友達《ともだち》のことも、全部忘《わす》れちゃうだけじゃなくて、自分の家がどこにあるか、自分がどこの学校に通っていたか忘れてしまう。もちろん担任《たんにん》の先生のことも道ですれ違《ちが》っても、前のことを忘れているので初《しょ》対面《たいめん》の人に見える。だから、その人のことを担任の先生だとも思わなくて、知らない人だから、ぜんぜんあいさつもしない。家族《かぞく》も友達も全部知らない人になってしまう。自分の体も変《か》わっているので、他《ほか》の人からもあなたはあなただと認《みと》められない。自宅《じたく》に帰っても、あなたの妹は知らない他人が入ってきたのでびっくりして警察《けいさつ》を呼《よ》んじゃったりするけど、あなたもあなたで妹のことが誰だかわからない。そもそも自分の家がどれだかもわからないので、帰る場所《ばしょ》がないよね。

こうなると、何だか自分が死《し》んじゃったのと変わらなくないかな。自分は死んじゃって、別《べつ》の人が生きていることにならないかな。でも、体が変わっても記憶が続《つづ》いていると、自分と思えると思う。とすると、自分が自分であるのは、記憶のせいじゃないかな。

変《か》わっていくのは当たり前

コーノさんの言うことはもっともだなあ。でもお手紙をくれた人は、記憶喪失《きおくそうしつ》になったり、まわりの人に忘《わす》れられてしまったりしたから、自分のことがわからなくなったわけじゃないよね。記憶はもちろん続いているけれど、家にいる自分と学校にいる自分の性格《せいかく》や行動《こうどう》がまったく違うから、「自分」ってどんな人なのか、よくわからなくなってしまったのでしょう。

「これが私だと断言できるものは、外見以外にありますか」と質問《しつもん》が書かれていたけれど、「そんなものはないよ」と言われたら、怖《こわ》いかな（それとも、安心《あんしん》する？）。お手紙にあった発見《はっけん》の通り、状況《じょうきょう》によって、あなたの外見も記憶も内面《ないめん》も、いつも変化していて、ずっと変わらないものは何もない。でも、それは当たり前のことじゃないかな。

変化するものばかりだと気づいているのに、どうしてそれでも「これが私だと断言できるもの」があるはずだと感《かん》じているのだろう。そこをもう一度《いちど》考えてみると、さらに新たな発見があるかもしれないよ。

新しい年ってどこから来《く》るの？

「来る」ではなく「始《はじ》まる」

「新しい年」というモノがあったとしたら、どこから来るのか知りたいよね。「来る」という言葉《ことば》を使《つか》うからといって、それがどこかから移動《いどう》してやってくるモノだとは限《かぎ》らないよ。電車は、前の駅《えき》から線路《せんろ》を移動して「来る」。ウサギは草むらから、別《べつ》の草むらに飛《と》び込《こ》んで「来る」。隕石《いんせき》は宇宙《うちゅう》から落《お》ちて「来る」。こういう物体《ぶったい》は、どこかからやって来る。でも「新しい年」は、電車とか、ウサギとか、隕石とかいったモノではないので、本当にどこからかこちらに向《む》かってやって来るわけじゃないんだ。

たとえば、「大好《す》きなテレビ番組の時間が来るよ」とか、「もう少しで冬休みが来るよ」という言い方をするけど、この番組も冬休みもどこかにいて、それがこっちにやってくるわけじゃなくて、「番組が始まるよ」「冬休みが始まるよ」という意味《いみ》だね。だから、「新しい年が来る」というのも、「新しい年が始まるよ」という意味だね。「来る」という言葉を使っているけど、文字通りにどこからか移動してくるのではなくて、「それが始まる時間になりましたよ」という意味なんだ。

新しい年というのは、人間が決《き》めた決まりごとで、神様《かみさま》や自然《しぜん》がそう定《さだ》めたわけじゃない。むかしむかし誰《だれ》かが、「この日を一年の始まりにしよう」ってルールを決めて、みんなが、それに従《したが》っているだけなんだ。

だから新年はどこからか来るわけじゃない。

なんで「来る」と言うの？

たしかに、新しい年はどこか別《べつ》の場所《ばしょ》からやって来るわけじゃないよね。でも、じ

やあ、なんで「来る」なんて言い方をするんだろう？

そういえば、「来る」の逆《ぎゃく》は「行く」だけど、「新しい年へ行く」とは言わないよね。自分が「行く」ほうだったら、自分の意思《いし》で急《いそ》いだりゆっくり進《すす》んだりできそうだけど、時間はそうじゃない。「早くお年玉が欲《ほ》しい」と急いでも、新しい年に予定《よてい》より早くたどり着《つ》くことはできないし、「まだ大掃除《そうじ》が終《お》わっていないから」と、新しい年が始まるのを遅《おく》らせることもできない。どんなに待《ま》ち遠しくても私《わたし》たちには待つしかできないし、ちょっと待ってほしくても待ってはもらえないんだ。時間に対《たい》して、私たちは受《う》け身《み》でしかいられないんだね。

でも、コーノさんも言う通り、新しい年というのは人間が決めたことなのに、早めたり遅くしたりできないなんて、不思議《ふしぎ》だなあ。

「新年」で時間を管理《かんり》

マツカワさんの言う通り、時間の前では僕《ぼく》たちは完全《かんぜん》に無力《むりょく》だ。時間の流《なが》れや、そのスピードに対《たい》しては、僕たちはどこまでも受《う》け身《み》であらざるをえない。でも僕たちは、そんな時間を「管理」することで、時間を少しでも自分たちに従わせようとしている。時間の進《すす》み方を予測《よそく》して、計画を立て、無駄《むだ》をなくすことで、限《かぎ》られた時間を最大限有効《さいだいげんゆうこう》に活用しようとしているんだ。

そう考えると、「新年」というのは、人間が時間をうまく管理するための便利《べんり》な道具《どうぐ》のようにも見えてくる。本当は同じような日々がただただ延々繰《えんえんく》り返《かえ》されているだけなんだけど、その中のある日を「元日」と定めて時間の区切《くぎ》りを作ることで、そこでいったん立ち止まり、そのあとの三百六十四日分の計画を立てられるようになる。三百六十五日ごとに振《ふ》り返《かえ》りの一日があることで、これまでの計画をチェックして修正《しゅうせい》するきっかけになる。

そう考えると「新年」は、たしかに人間の決めたルールにすぎないんだけど、人間が何とかして時間と立ち向《む》かおうとする知恵《ちえ》の結晶《けっしょう》のようにも見えてくるね。

数字はどうやってできたの？

数字を使《つか》う前から数はあった

　数字というのは、「1」とか「2」とかのことだね。数字には書き方がたくさんある。たとえば、「一」と「二」というのも数字だし、「Ⅰ」とか「Ⅱ」なんていう数字を知っている人もいると思う。だから、むかしの人がそれぞれの書き方にどうやってたどり着いたか、その歴史《れきし》は、一つ一つ調《しら》べてみないといけないね。

　ここで数字から「数」に目を向けてみよう。数というのは、数字が表《あらわ》しているもののことだ。同じ犬のことを、「いぬ」と書いたり、英語《えいご》では「ｄｏｇ」と言ったりするように、「一」でも「1」でも、同じ1という数を表している。犬は「いぬ」と呼《よ》ばれる前からいる。それと同じように、1も「一」と書かれる前からあったはずだ。つまり、数字は、もともとあった数を表すために作られたんだ。「一」や「1」の形が似《に》ているのは、きっとむかしの人が「1ってこんな形かな」って思ったからじゃないかな。君《きみ》なら1をどんな形で書き表すかな？

そもそも数って……

ムラセさんは、「数字」と「数」とを区別《くべつ》して考えているね。ムラセさんによれば、「数字」というのは、もともとあった「数」を表すための「字」なんだって。みんなはこの説明《せつめい》に納得《なっとく》できる？

「川」について考えてみよう。これだって字（文字）だ。この字はもちろん、僕《ぼく》たちが夏に遊《あそ》びに行って泳《およ》いだり、スイカ割《わ》りをしたりする、あの川のことを表している。そういえば「川」という字は、なんだか水が流《なが》れているあの川の様子《ようす》に似《に》ているね。こう考えてみると、たしかに字というものは、字の外にある本当のものを表しているようだ。

でも、数字はどうだろう？　数字が「数」を表す「字」だとしたら、そもそも「数」ってなんだ？　そんなものは目に見えないし、それがあるってどういうことなのか、よくわからない。「3」という「数字」とは別《べつ》に、3という「数」自体がある（「3」という字の外に、この字が表している本当の3というものがある）って考えるのは、おかしいんじゃないかな。なので、ムラセさんの意見《いけん》は間違《まちが》っていると僕は思う。

物《もの》の「状態《じょうたい》」かもしれない

うーん、そうかな。私《わたし》は、ムラセさんの言う通り、「数字」とは別《べつ》に「数」があると思う。たとえば、かごにリンゴが5個《こ》入っていたとして、そこに数字で「5」と書いていなくても、それは4個でも6個でもなく「5個ある」ということになるよね。だから、数って、川やスイカみたいな「物」ではなくて、物の「状態」のことなのではないかな。川が「流《なが》れている」とかスイカが「甘《あま》い」と同じように。その状態は、リンゴが「たくさん」ある、「少し」あるというように、量《りょう》で考えることもできるけれど、それをもっと正確《せいかく》に知らなければならなくなったときに、人間は数という状態をとらえ始《はじ》めたのではないかな。

でも、これではまだ数のことをうまく説明《せつめい》できていないような気がする。算数の勉《べん》強《きょう》をしているときに出てくる「数」の中には、世《せ》界中《かいじゅう》のどんな物の状態も表《あらわ》していないように思えるものもあるし……。

なぜ宗教《しゅうきょう》はあるの？

第《だい》一《いち》候《こう》補《ほ》は「幸《しあわ》せのため」？

お手紙にはこうあった。

世界《せかい》にはいろいろな宗教があって、自分は神話《しんわ》や習慣《しゅうかん》、考え方がたくさんあるのを面白《おもしろ》いと思うけれど、友達《ともだち》の中には気持《きも》ちが悪《わる》いというイメージをもっている人もいる。もし幸せに生きるために宗教があるとしたら、宗教が原因《げんいん》で起《お》こった戦争《せんそう》や事件《じけん》はどうなるのか。自分の宗教を守《まも》ることを誇《ほこ》りにして死《し》んでしまう場合、その人にとって幸せだから、それで良《よ》い、ということになるのだろうか。その人が幸せと感《かん》じているなら、何があっても幸せに生きたといえるのか。どんな状態《じょうたい》になれば、「人々《ひとびと》は幸せだ」と言いきれるのか。

お手紙からすると、君《きみ》は「幸せのため」が答えの第一候補だと思っているようだね。この答えの面白いところ（と僕《ぼく》が思うの）は、宗教は幸せのためにあるはずなのに、その「幸せ」の中身《なかみ》、つまり、何をもって本当の幸せとするのかは、宗教の方が決《き》めるところだ。宗教と幸せって何だか不思議《ふしぎ》な関係《かんけい》だね。

不幸《ふこう》でも「本当は幸せ」だと信《しん》じることができる

ムラセさんの議論《ぎろん》を引き継《つ》いで考えよう。

たしかに宗教には、「本当の幸せ」の中身《なかみ》自体を宗教が決めるという側面《そくめん》がある。たとえば、ある宗教では、神《かみ》を信じ神の教えを守《まも》って生きることが「本当の幸せ」であると説《と》いているとする。このとき、その宗教の信者《しんじゃ》にとっては、そのように生きることこそが最上《さいじょう》に幸福《こうふく》な生き方だということになる。すると、仮《かり》にある信者の人生が、実際にはあまり恵《めぐ》まれていなくて、その人は日々《ひび》の生活の中ではほとんど幸福を感《かん》じられていないとしても、その人が神を信じ教えを守って生きている限《かぎ》り、その人はその宗教の中では「本当は幸せ」だってことになる。だって、なんてったって、それこそが「本当に幸せな人生」だと神様《かみさま》が言っているのだから！

これは、宗教が果《は》たしている重要《じゅうよう》な役割《やくわり》の一部《いちぶ》だ。宗教的《てき》に生きることで「本当の幸せ」を得《え》られると信じられるから、なかなか幸せを感じられない境遇《きょうぐう》の中で生きている人にとって、宗教は大きな救《すく》いになるんだ。しかし他方《たほう》で、このことは宗教の怖《こわ》さでもある。場合によっては、自分の感じる幸福感《こうふくかん》とはまったく切り離《はな》されたところ（自分の感じる幸福感とはほど遠いところ）に「本当の幸せ」があると信じ込《こ》むことができてしまうからだ。

社会をまとめようという試《こころ》み

私《わたし》は二人の意見《いけん》とはぜんぜん違《ちが》うな。宗教は幸せに生きるために存在《そんざい》しているわけではないと思う。二人は宗教って自分の心の問題《もんだい》を解決《かいけつ》するものだと思っているようだね。でも、それじゃ、心理学とか、心のセラピーとかと変《か》わらない。宗教にはそれ以前《いぜん》に別《べつ》の働《はたら》きがあると思う。

宗教には一つの神だけを信じるものも、多くの神を信じるものもある。仏教《ぶっきょう》は宗教だけど神を認《みと》めない。聖書《せいしょ》のような経典《きょうてん》のある宗教もあるけど、ない宗教もある。

でも、どの宗教でも、自然《しぜん》を超《こ》えた偉大《いだい》な存在が、どのように宇宙《うちゅう》と人間を作ったかを説明《せつめい》している。こういうのを神話という。神話は人間がどうして生まれたか、なぜ生きているのかを教える。そして、どうして社会のルールや儀式《ぎしき》やしくみができたのかも、その偉大な存在から説明する。王様《おうさま》や宗教の指導者《しどうしゃ》たちは、自分がその神話の時代《じだい》の偉大な力を引き継いでいて、社会をまとめる権利《けんり》があるという。だから自分についてきてほしいという。

そう、つまり宗教とは、神とか仏《ほとけ》のような偉大な存在を信仰《しんこう》させて、社会をまとめようという試みなんだと思う。宗教の第一の役割《やくわり》は、人の気持ちを慰《なぐさ》めることではなくて、信仰によって人を一つにまとめることだと思う。だから、君の友達《ともだち》が宗教を気《き》味悪《みあく》がるのは、そのまとまりに取《と》り込《こ》まれたくないからじゃないかな。

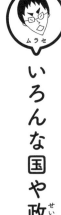

国って何《なに》？

いろんな国や政府《せいふ》がある

国っていうと、日本や中国、アメリカ……。いろいろな国が思いつくね。人によっては、いろんな旗《はた》の絵柄《えがら》を思い浮《う》かべるかもしれない。

こういう「国」には、国境《こっきょう》というものがあって、どこからどこまでがその国なのか、場所《ばしょ》がはっきりと決《き》められている。そこに多くの人が住《す》んでいる。それに、ちょっと難《むずか》しいけど、国には「政府」というものがある。

政府というのは、決《き》まりを作って、その場所でやってよいことと悪《わる》いことを決めている。決まりを守《まも》らない人は牢屋《ろうや》に閉じ込められたり、罰《ばつ》が与《あた》えられたりする。政府は、ほかの国の政府と話し合いをしたりもする。学校も政府が作ったものが多い。いろいろな仕事《しごと》をするために、政府は国にいる人たちからお金を集《あつ》めている。税金《ぜいきん》だね。その税金を使《つか》って政府は国の中や外でいろいろなことをしているんだ。

でも、なんでいろんな国や政府があるんだろうね？　一つにしちゃえばいいのにね。

国は小さい方がいい

ムラセさんは、国や政府は世界《せかい》に一つでいいと思うんだね。私《わたし》は、それはいやだな。むしろ逆《ぎゃく》に、いまの日本よりもずっと小さな国がたくさんある方がいいと思う。なぜなら、自分が従《したが》わなければならない決《き》まりが、どこか遠いところで決まってしまうのはいやだから。

想像《そうぞう》しやすくするために、学校の決まりに置《お》き換えて考えてみるね。クラスのルールを決めるときは、学級会《がっきゅうかい》で勇気《ゆうき》を持《も》って発言《はつげん》すれば、自分の意見《いけん》を聞いてもらえる。

でも、学校全体《ぜんたい》のルールはどうかな。児童会《じどうかい》の会長や委員長《いいんちょう》でなければ、なかなかルール決《ぎ》めに関《かか》われないことが多い。もしも、「この県《けん》の小学校全体のルールを決めましょう」ということになったら、どうなるだろう。どこか遠くの地域《ちいき》の小学校で、勝手《かって》にルールが決められていても、よほど気をつけていなければ気づかないかもしれない。

国が広くなり、人が多くなると、全員《ぜんいん》で話し合うこともできないし、ひとりひとりの意見を反映《はんえい》させるのは難《むずか》しくなる。だから、国はなるべく小さい方がいいと思うな。

小さくなると……

ゴードさんは、国はなるべく小さいほうがいいって思うんだね。でも、国が小さくなるってどういうことだろう?

たとえば、国が新しい決まりを作ったとき、それにどうしても賛成《さんせい》できない人たちがその国を飛《と》び出して新しい国を作ったら、国は小さくなるね。実際《じっさい》、アメリカは、もともとはイギリスからそんなふうにして飛《と》び出して作られた新しい国なんだ。あと、みんなとは違《ちが》う別《べつ》の意《い》見《けん》を持《も》っている一部《いちぶ》の人たちを追《お》い出しても、国は小さくなる。

そうやって、新しい国をどんどん作って、国を小さくしていけば、同じような意見をもつ人たちだけでまとまっていけるかもしれない。ゴードさんが言っているように、国のルール作りにも関《かか》わりやすくなるかもしれないし、そのことで国を身近《みぢか》に感《かん》じられるようにもなるかもしれない。でも、あなたはそういう国に住《す》みたいかな？　僕《ぼく》はいやだな。だって、そんな国だと、みんなと違う意見を言ったりしたら「だったらこの国から出ていけ！」ってすぐに言われそうだもの。いろんな考え方の人たちが住んでいて、困《こま》ったことが起《お》きたらみんなで話し合って解決《かいけつ》する、そういう国の方が実《じつ》は住みやすいんじゃないかな。

なぜ地《ち》球《きゅう》はあるの？

奇《き》跡《せき》のような偶《ぐう》然《ぜん》が重《かさ》なった

地球は、太陽《たいよう》ができたときに残《のこ》ったガスやチリが衝突《しょうとつ》を繰《く》り返《かえ》すうちに、たまたまだんだん大きくなってできたと言われている。だとしたら、地球があるのは単《たん》なる偶然だ。地球と同じ「惑星《わくせい》」（太陽のような燃《も》えている星の周《まわ》りを回っている星）は宇《う》宙《ちゅう》には数えきれないくらいたくさんあるらしい。地球もそのうちの一つにすぎないって思うと、たいして珍《めずら》しくもない気がしてくるね。

でも、地球を「生き物《もの》のいる星」と考えてみるとどうだろう。たとえば、地球には、生き物が生活する上で欠《か》かせない「液体《えきたい》の水」があるけれど、それが可能《かのう》なのは、太陽からぴったりちょうどいい距離《きょり》のところに地球があるからだ。地球が太陽からほんのちょっとでも遠かったら、地球上の水は全部《ぜんぶ》氷《こおり》になっていただろう。逆《ぎゃく》に、ほんのちょっとでも近かったら、全部蒸発《じょうはつ》していただろう。それ以外《いがい》にも、奇跡のような偶然がいくつも重なった結果《けっか》として、現在《げんざい》の地球には生き物が存在《そんざい》している。こう考えると、さっきとは逆に、地球があるのは単なる偶然じゃなくて、神様《かみさま》が人間のすみかとしてわざわざ作ってくれたんじゃないかって気がしてくる。

どうやら僕《ぼく》たちは、めったにない珍しいことが起《お》こっていると、「そこには何か意味《いみ》や理由《りゆう》がある」って思ってしまうらしい。なんでそう思っちゃうんだろうね。

どうして不思議《ふしぎ》な気《き》持《も》ちに？

そもそも、「なぜ地球はあるの？」と問《と》わずにはいられない気持ちになるのは、どうしてなんだろう。たしかに私《わたし》もそういう疑問《ぎもん》を持《も》つことがあるのだけれど、自分が何を不思議に思っていて、何を知ろうとしているのか、実《じつ》はよくわからない。

　ツチヤさんは、地球がめったにない珍《めずら》しい星だから、奇跡《きせき》のようなことが起《お》きた意《い》味《み》や理由《りゆう》を知りたくなるのではないかと言う。でも、私はそれだけではないと思う。だって、他の星には生き物《もの》がいないと知らなくても、あるいはもし、地球に似《に》た星がたくさんあったとしても、やっぱり、なぜこの地球が存在《そんざい》するのかと、問わずにはいられないから。

　人間は、どんなにありふれたものでも、別《べつ》になくてもよかったものが「ある」のだと気づくと、それが生まれた原因《げんいん》や存在する理由を考えたくなるのではないかな。そして、私たちの身近《みぢか》にあるものは、自分自身《じぶんじしん》も含めて、地球がなければ存在しなかったものばかりだよね。だから、いろんなものの存在の前提《ぜんてい》になっている地球が、なぜ存在するのかと知りたくなるのではないかな。

ずいぶん違《ちが》う原因《げんいん》と目的《もくてき》

私は、何かの疑問《ぎもん》について考えるときには、その疑問自体の意味《いみ》をよく考えてから、答えを見つけるようにした方がいいと思うんだ。言葉《ことば》の意味をはっきりさせてから考えないと、よくわからなくなってしまう。「なぜ地球はあるの？」という質問《しつもん》だけど、私たちは「なぜ」という言葉をいろいろな意味で使《つか》っている。一つは、最初《さいしょ》にツチヤさんが答えたように、どのようにできたのか、その原因を聞いている場合だね。もう一つは、ゴードさんが言うように、「なぜ」と言うときには、その理由《りゆう》や目的を聞いていることがある。

たとえば、「なぜ道路《どうろ》に信号《しんごう》があるか」と言えば、みんなで信号を守《まも》って交通事故《じこ》を起《お》こさない「ため」だね。「……のため」というのは目的を意味している。事故を防《ふせ》ぐという目的のために信号は作られた。だけど、信号ができた原因は、「人間が材料《ざいりょう》を集《あつ》めて作ったから」だね。だから、信号の原因（「材料を集めて人間が組み立てた」）と、信号の目的（「事故を防ぐため」）は、ぜんぜん違うことだよね。

このように、あるものが生じた原因と、そのものの目的とはまったく違う。地球ができた原因は、ガスやチリがたくさん集まったからだよ。宇宙物理学者《うちゅうぶつりがくしゃ》がこういう宇宙のでき方を研究《けんきゅう》している。じゃ、地球ができた目的は何かな。地球が、交通信号のように誰かがわざわざ作ったものなら、目的はあるかもね。でもそうではなくて、宇宙は誰《だれ》が作ったのでもなくて、自然《しぜん》に、たまたま偶然にできたものなら、そもそも宇宙に目的などはないかもね。私は宇宙ができた目的なんてないと思うな。

宇《う》宙《ちゅう》の端《はし》はどうなっているの？

情《じょう》報《ほう》は地《ち》球《きゅう》まで届《とど》かない

最初《さいしょ》は小さく生まれた宇宙が、どんどん広がっていまの大きな宇宙になって、さらに広がり続《つづ》けていると言われている。この話が本当なら、宇宙が生まれたときには「端」があったのだから、広がった後のいまの宇宙にも端がありそうに思える。

でも、その端がどうなっているか、人間が知るのはとても難《むずか》しい。なぜかというと、宇宙の端の情報は、地球まで届かないからだ。たとえば、光の速《はや》さで進《すす》むと地球から三万年かかる距離《きょり》に星があるとしたら、いま地球に届いているその星の光は、三万年前のものだ。いまこの時点でその星がどうなっているのかは、あと三万年たたないとわからないことになる（もしかしたら、その星はもうなくなっているかもしれないね）。

宇宙がどんどん広がっているのなら、宇宙の「端」の情報はいつまでたってもなかなか地球に届かないし、そんなに遠くまで出かけていくのも無理《むり》だ。だったら、宇宙の端のことは、いつまでたってもわからないんじゃないかな。

外《そと》側《がわ》のない内《うち》側《がわ》

宇宙の端を想像《そうぞう》してほしい。そう言われると、あなたはたぶん、とてつもなく巨大《きょだい》な風船のようなものの中に、太陽《たいよう》や地球や月が入っている様子《ようす》を思い浮《う》かべるんじゃないかな。で、その風船の内側の壁《かべ》が宇宙の端ってわけだ。でも、宇宙の端をこんなふうに想像するならば、その壁の「外側」にも（こちら側《がわ》からは見えないだけで）何かがあるような気がしてしまう。しかし、それはおかしい。だって、それが宇宙の「端」であるならば、その外側には何もないはずなんだから。

つまり、宇宙の端を「きちんと」想像するためには、僕たちは「外側のない内側」をちゃんと想像できなければならないんだけど、そんな想像は僕たちには決してできないってことだ。なぜなら、僕たちは、何かの内側にいることを想像しようとすると、どうしてもその端に全体《ぜんたい》を取《と》り巻《ま》く壁のようなものを思い浮かべざるをえず、すると自動的《じどうてき》に、その壁の外側にも何かがあるように想像せざるをえないからだ。

これはとても不思議《ふしぎ》なことだ。なぜ僕たちは、「外側のない内側」を想像できないようにできているんだろう？　もしかするとそれは、僕たち人間の根本《こんぽん》的な欠陥《けっかん》の一つなのかもしれない。

そもそも端ってなんだろう？

「宇宙の端」はとても不思議だ。前の二人の話を合わせるなら、絶対《ぜったい》知ることができないし、想像《そうぞう》すらできないなんて！

でも、そもそも宇宙に「端」はあるのかな？　たしかに、いろんなものには「端」

があるけど、端がないものってないのかな？　「端」は、いつでもあるのかな？

「端」がありそうな、一枚《まい》の四角い紙を考えてみよう。その紙に「端」はいくつある？

「たくさん」って言いたくなる。四つの角も端だし、辺《へん》もすべて端だ。じゃあ、紙の真《ま》ん中は端かな？　「端じゃない」気がする。真ん中だし。

さて、組み立てたダンボール箱《ばこ》か、直方体の発泡《はっぽう》スチロールの箱《はこ》の面《めん》の一つに、その紙を貼《は》りつけよう。このとき、さっきの紙の真ん中は「端」かな？　箱の面はどれも箱の端って感《かん》じがするなら、紙の真ん中も「箱の端の一つ」ってことになる。だとすると、それまでは端じゃなかった真ん中が、貼りつけただけで端になるってことになる。「いや、でも真ん中なんだし、箱の面にくっつけただけでは端ってことにはならないよ」という人もいるかもしれないね。

じゃあ、貼りつけたのが地球儀《ちきゅうぎ》だったら、どうだろう？　真ん中は端になったかな？　もし端になったのだとすれば、その地球儀のどの部分《ぶぶん》も端だってことになる。逆《ぎゃく》に、端にならないのだとすると、地球の表面《ひょうめん》のどれも端ではないってことになる。これって、本物《ほんもの》の地球にも同じことが言える。つまり、もし地球に端があるのだとすれば、地表《ちひょう》のどこも実《じつ》は「端」で、僕《ぼく》たちはいつでも地球の端っこに立っているってことになる。逆に、地球に端がないとすると、端がないものがあって、宇宙もおんなじかもしれない。

なんだか「もし……だったら、……ってなる」が多くて混乱《こんらん》してしまうけど、「端」にはたくさんの謎《なぞ》が隠《かく》されているのはわかった。宇宙の端だけじゃなくて、地球の端や、ダンボールの端、紙の端、色々《いろいろ》な端に謎が隠されている。端がいくつあるのか？ っている謎もあったね。

そもそも「端」ってなんだろうね？　本当は「端」なんてなかったりして！

なぜ世《せ》界《かい》はあるの？

目的《もくてき》も理由《りゆう》もない

世界が存在《そんざい》している理由なんて何もないよ。世界は何かの目的のために作られたわけじゃない。ただ、あるんだ。ただ、存在している。あなた自身《じしん》の存在もそうだよ。宇《う》宙《ちゅう》もあなたも何かの目的のために生まれてきたわけじゃない。

ただ、生まれてきたんだ。たしかに、牛は人間に食べられて人間の命《いのち》を支《ささ》えているけど、牛は人間に食べられるために生まれてきたわけじゃない。同じように、世界そのものには目的も理由もないんだ。何でも、存在するのに理由があるとか、何かの目的が必要《ひつよう》だとか考えるのは、間違《まちが》っていると思うな。最初《さいしょ》から目的がある存在って、人間が作った道具《どうぐ》だけだよ。ノコギリは何かを切るために作られた。コップは液体《えきたい》を入れるために作られた。だから、ノコギリもコップも人間が最初から目的に役《やく》に立つように作ったから、目的が備《そな》わっている。でも世界も、あなたも、誰《だれ》かが作った道具じゃない。だから、そこには目的はないんだ。

もし世界に目的があるとしたら、どうだろう。何かの目的のために存在しているとわかったら、どうする？　たとえば、神様《かみさま》が出てきて、私は世界をコレコレの目的のために作ったとかいったら、あなたならどうする？　私《わたし》なら、わざと、その目的のためにならないことをするね。私は、誰かや、与《あた》えられた何かに従《したが》うのが死《し》ぬほど嫌《きら》いなんだ。

わからないけど理由はある

たしかに、「世界が作られた目的がある」なんて信《しん》じられない。でも、本当はわからないだけで、何かしらの理由はあるんじゃないかな。

さっきコーノさんは、道具《どうぐ》の話をしてくれた。たしかに道具は目的をもって作られるし、それが存在する理由もはっきりしている。でも、道具以外《いがい》にも目的があって存在しているように思えるものがある。たとえば、心臓《しんぞう》だ。心臓は、血《ち》を体中にまわすという目的があって存在していて、体の中でなくてはならない役割《やくわり》を果《は》たしている。どこかをケガすると、ふだんは意識《いしき》しない、その場所《ばしょ》の役割に気づくことがある。薬指とかをケガすると、こんなときにも薬指を使っていたんだ！　って思ったりするちょっと大げさだけど、ケガによって、その部分《ぶぶん》が果たしている本来の役割、なんのためにそれがあるかという理由に気づくことができるんだ。こう考えると、道具だけでなく、心臓や他《ほか》の体の部分にも、普段は意識しないけれど、ちゃんとした目的があるし、それが存在する理由があるように見える。

この考えは、道具や体の部分だけじゃなくて、牛やあなた、現《げん》に存在しているすべてのものに当てはめることができる。だって、現に存在しているどんなものだって、何らかの役割を果たしているからだ。もちろん、目的や存在している理由はわからないことが多いだろう。でも、そのことは、目的や理由がないことの証拠《しょうこ》ではない。ケガしたときに初《はじ》めてその役割や目的に気づくように、それが失《うしな》われたときに初めて明らかになるのかもしれない。別《べつ》の言い方をすれば、どんなものにも存在するのに必要《ひつよう》なだけの理由が隠《かく》されているということだ。それは、もちろん、世界だっておんなじだ。でも、世界の場合はなくなってしまうと、僕《ぼく》たちもいなくなってしまうから、理由や目的があったとしても、それが何かは永遠《えいえん》にわからないものなのかもしれないね。

そもそも「世界がある」とは？

目的や理由を考える前に、そもそも、「世界がある」ってどういうことなんだろう。私たち人間はみんな「世界」という一つの入れ物《もの》の中で生きていて、動物《どうぶつ》も植物《しょくぶつ》も、建《たて》物《もの》も道具《どうぐ》も乗《の》り物もみんな、この入れ物の中に入っているのかな。でも、もしかしたら、そう思っているのはあなただけかもしれないよ。

見たこともない国や、会ったこともない人々《ひとびと》って、本当に存在しているのかな。もちろん、テレビや新聞やインターネットで見たことがあるだろうけれど、もしかしたら全部《ぜんぶ》ウソかもしれない。学校で教わったことも、自分で確《たし》かめたわけではないから、本当かどうかわからない。

それに、いまあなたは建物の中にいるだろうけれど、ドアの外には道路《どうろ》やお庭《にわ》があるって、本当かな？　もしかしたら、あなたがドアを開《あ》けるたびに、神様《かみさま》が外の景色《けしき》をあなたに見せているだけかもしれない。

見たこともないものが本当にあるってことも、あなたと私に見えている世界が同じだということも、１００パーセントは信《しん》じられないんだ。私が存在すると信じている「この世界」なんて、本当は、私の頭の中にしかないのかもしれない。

おわりに

「はじめに」でゴードさんが紹介《しょうかい》してくれているように、この本は毎日小学生新聞《しんぶん》の「てつがくカフェ」のコーナーをまとめたものです。新聞を読んでくれている方からよく聞かれるので、連載《れんさい》の舞《ぶ》台裏《たいうら》を少しお話ししましょう。私たちは、この連載を本当に対話《たいわ》しながら作り上げています。読者《どくしゃ》の子どもたちから送られてきた問《と》いに対して、一人目の担当者《たんとうしゃ》が自分の考えを原稿《げんこう》にして、私たち全員《ぜんいん》にメールで送《おく》ります。二人目は、一人目の原稿を読み、その意見《いけん》を踏《ふ》まえて自分の考えを原稿にして、再《ふたた》び全員にメールで送ります。三人目も同様《どうよう》です。つまり私《わたし》たちは、この連載を書くことで、毎週メールを通して哲学《てつがく》対話を行っているのです。私にとって、コーノさん、ムラセさん、ゴードさん、マツカワさんは、この本の共同執筆者《きょうどうしっぴつしゃ》というよりも、毎週同じ問題《もんだい》について頭をひねって一緒《いっしょ》に考えている哲学対話仲間《なかま》です。

　哲学対話は、人を不思議《ふしぎ》な関係《かんけい》で結《むす》びつけます。哲学対話では、相手の話をこれ以上にないほど注意《ちゅうい》深《ぶか》く聞きますが、それは単《たん》に相手を尊重《そんちょう》しているからでも、思いやっているからでもありません。相手の考えをとことん正確《せいかく》に理解《りかい》しようとしているからです。

そもそも私たちが哲学対話をするのは、「本当のことが知りたい」と心から望《のぞ》んでいるためです。そして、「自分とは異《こと》なる考えの中に、本当のことを知るための手がかりがあるかもしれない」と本気で思っているからこそ、私たちは相手の話をできる限《かぎ》り正確に理解しようとするし、理解できないところはしつこく質問《しつもん》したり反論《はんろん》したりするのです。本当のことを知りたいと本気で思っているからこそ、お互《たが》いに相手の考えを参考《さんこう》にし合って、みんなで協力《きょうりょく》して考えをどこまでも深く掘《ほ》り下げようとします。哲学対話は、このような協力プレイを通して、参加者同士を独特《どくとく》の連帯感《れんたいかん》とお互いに対する敬意《けいい》で結《むす》びつけるのです。

私たち大人は、子どもたちと一緒に哲学対話をすることで、子どもともこうした特別な関係を築《きず》くことができます。子どもの考えや問いの中にも、本当のことに到達《とうたつ》するための手がかりがあると本気で思えるなら、私たちは子どもの話をどこまでも注意深く真剣《しんけん》に聞くことができるのです。これは、子どもの考えを単に尊重したり、子どもに思いやりをもって接したりすることとはまったく違います。同じ問いを問い、力を合わせて思考を深めていく仲間である以上、子どもの考えも大人と対等な一つの考えとして扱うことができるということです。子どもと大人が、ともに本当のことを知りたいという強い思いで結ばれたとき、大人は子どもを徹底的《てっていてき》に「大人扱い」することができるようになるのです。

　教育現場《げんば》では、現在進められている学習指導要領《しどうようりょう》の改訂《かいてい》にともなって、子どもたちの主体性を尊重する学習にますます注目が集まっています。子どもたちの能動的《のうどうてき》な活動を中心とするアクティブ・ラーニングが提唱《ていしょう》され、「主体的・対話的で深い学び」は新しい学習指導要領における学びのあり方を象徴《しょうちょう》するキーワードの一つになっています。このような学びを成立させるためには、子どもをどれだけ学びの主体として認《みと》め、私たちと対等《たいとう》な共同探究《きょうどうたんきゅう》のパートナーとして迎《むか》え入れるかが非常《ひじょう》に重要《じゅうよう》です。学びの場における子どもと大人の関係が、「大人から教わる」という受動的関係ではなく、「大人とともに学ぶ」という能動的関係に転換できてはじめて、子どもが学びの主役となったと言うことができるからです。

　子どもと一緒に哲学対話をすることは、子どもを「本当のことを探し求めるパートナー」とすることで、子どもに「教える」のではなく、子どもと「ともに考える」新しい教育の可能性を開きます。それによって、本当の意味で子どもの主体性を尊重することができるようになるのです。ぜひ本書をきっかけに、家庭や学校でも子どもと一緒に哲学対話をしてみてください。

土屋《つちや》陽介《ようすけ》

著者経歴

河野哲也（こうの・てつや）

立教大学文学部教育学科教授。専門は哲学、倫理学、教育哲学。NPO法人「こども哲学 おとな哲学 アーダコーダ」副代表理事。著書に『道徳を問いなおす』、『「こども哲学」で対話力と思考力を育てる』、共著に『子どもの哲学』ほか。

土屋陽介（つちや・ようすけ）

開智日本橋学園中学高等学校教諭、開智国際大学教育学部非常勤講師。専門は哲学教育、教育哲学現代哲学。NPO法人「こども哲学 おとな哲学 アーダコーダ」理事。共著に『子どもの哲学』、『こころのナゾとき』シリーズほか。

村瀬智之（むらせ・ともゆき）

東京工業高等専門学校一般教育科准教授。専門は現代哲学・哲学教育。共著に『子どもの哲学』、『哲学トレーニング』（1・2巻）、監訳に『教えて！哲学者たち』（上・下巻）ほか。

神戸和佳子（ごうど・わかこ）

東洋大学京北中学高等学校非常勤講師、東京大学大学院教育学研究科博士課程在学。フリーランスで哲学講座、哲学相談を行う。共著に『子どもの哲学』ほか。

松川絵里（まつかわ・えり）

大阪大学コミュニケーションデザイン・センター特任研究員を経て、フリーランスで公民館、福祉施設、カフェ、本屋、学校などで哲学対話を企画・進行。「カフェフィロ」副代表。共著に『哲学カフェのつくりかた』ほか。

初出

本書は「毎日小学生新聞」連載「てつがくカフェ」を加筆修正したものです。

この世界《せかい》のしくみ

子《こ》どもの哲学《てつがく》2

印刷

2018年4月5日

発行

2018年4月15日

著者

河野哲也《こうのてつや》・土屋陽介《つちやようすけ》・村瀬智之《むらせともゆき》・神戸和佳子《ごうどわかこ》・松川絵里《まつかわえり》

発行人　黒川昭良

発行所　毎日新聞出版

〒102 - 0074

東京都千代田区九段南1-6-17　千代田会館5階

営業本部　03(6265)6941

図書第一編集部　03(6265)6745

印刷・製本　図書印刷

ISBN978-4-620-32509-5